Vorwort

Schon als Kind entdeckte ich meine Liebe zum Brot backen in der Küche meiner Mutter und Großmutter: Der Duft von frischem Brot gab mir nicht nur das Gefühl von Geborgenheit, sondern faszinierte mich. Noch heute bin ich immer wieder erstaunt, was man aus ein bisschen Mehl, Wasser, Hefe und Salz alles zaubern kann.

Gekauftes Weißbrot enthält üblicherweise Weizenmehl, Weizenprotein, Sojamehl, Hefe, Wasser, Emulgator E 472e (Ester von Mono- und Diglyceriden der Speisefettsäuren), Antioxidationsmittel E 300 (Ascorbinsäure), Pflanzenöl, Salz, Essig, Dextrose und das Konservierungsmittel Sorbinsäure (gegen Schimmelbefall).

Selbst gemachtes Weißbrot enthält Mehl, Wasser, Hefe und Salz! Vier simple Zutaten, die unzählige Variationen ermöglichen.

Sie müssen kein Bäcker sein, um Brot herzustellen. Jeder kann es!

Ich habe mir mit diesem Buch zum Ziel gesetzt, Ihnen Spaß, Genuss und Inspirationen rund ums Brot zu vermitteln. Sie werden einfache, nachvollziehbare und dennoch raffinierte Rezepte finden, die durch ihre klare Gliederung den Erfolg garantieren. Die verführerischen Bilder werden Ihnen Lust bereiten und Sie zum Nachmachen animieren. Sie finden in diesem Buch ein Feuerwerk von Ideen mit insgesamt 222 Rezepten, die neben verschiedenen Brotsorten auch Anleitungen für Kuchen, Salate, Aufläufe, Suppen, Desserts, Tapas und Aufstriche bieten.

Ich habe die unverzichtbaren fachlichen Basisinformationen bewusst so kurz wie möglich gehalten und mich auf die Vielfalt der Rezepte konzentriert.

Ich wünsche Ihnen viel Spaß beim Umsetzen!

Mirjam Beile
Ettenheim, August 2009

Das Gerät und die Zutaten

Noch nie war es so einfach,
sein eigenes, frisches Brot selbst
zu backen.

7

Die Brot-Rezepte

Einfach und doch raffiniert:
4 simple Zutaten, Liebe zum Backen
und Kreativität sind der Schlüssel
zum Erfolg.

19

Variationen aus Teig

Fantasievolles und Altbewährtes:
Gaumenfreuden für jeden Anlass.

91

Aufstriche & Co

Leckere Kleinigkeiten, die den
Unterschied ausmachen.

131

Service

139

Das Gerät und die Zutaten

Noch nie war es so einfach, sein eigenes, frisches Brot selbst zu backen.

Der Brotbackautomat

Blick in die Backform mit einem
fertig gebackenem Brot.

Brot erfüllt in idealer Weise alle
Anforderungen an eine moderne und
gesunde Ernährung. Noch nie war
es so einfach sein eigenes, frisches
Brot zu backen. Brotbackautomaten
kommen aus Japan und gibt es seit
den 80er Jahren auch in Deutschland
zu kaufen. Heute sind sie durch ihre
einfache Handhabung fester Bestand-
teil in modernen Küchen. Die Preise für
einen Brotbackautomaten liegen im
Schnitt zwischen 30 und 200 Euro. Die
Unterschiede liegen in der Kapazität, im
Zubehör, im Gewicht des Gerätes, in der
Leistung, in den Umwelteigenschaften
(Stromverbrauch), im Design, in der Be-
nennung der Funktionen und Program-
me sowie in der Technik. Einige Geräte
können außerdem süßen Brotaufstrich
liefern, also Konfitüre und Marmelade
kochen.

Suchen Sie sich ein Gerät am besten
nach Ihren persönlichen Anforderungen und Bedürfnissen aus. Vergleichen
Sie die Preise in den Kaufhäusern und
Discountern. Achten Sie beim Kauf
jedoch zwingend darauf, dass die Geräte
das **GS-Zeichen für geprüfte Sicherheit
sowie das CE-Zeichen** tragen.

Das Prinzip eines Brotbackautomaten

Alle Automaten arbeiten nach dem glei-
chen Prinzip: Im Inneren des Gehäuses
sitzt eine beschichtete Backform mit
Knethaken. In diese Backform werden
alle Zutaten in vorgegebener Reihen-
folge eingefüllt. In der Regel gibt man
zunächst die **flüssigen Bestandteile** des
Teigs (z. B. Wasser, Milch) und dann die
festen Zutaten (z. B. Mehl, Salz) in die
Form. Bei einigen Geräten ist es umge-
kehrt, beachten Sie die Gebrauchsanweisung!
Über eine Folientastatur wählen Sie
nun das gewünschte Programm. Die
Hersteller benutzen unterschiedli-
che Namen für die **Backprogramme**.
Bezeichnungen sind beispielsweise:
„Normal", „Mehrkorn", „Französisch",
„Weißbrot", „Schnell", „Vollkorn", „Ro-
sinen", „Glutenfrei", „Teig", „Backen",
„Marmelade".
Die verschiedenen Backprogramme
unterscheiden sich in der Dauer des
Knetens, Ruhens und Backens.

Über die **Bräunungstaste** können Sie noch einstellen, ob das Brot eine helle, mittlere oder dunkle Krustenbräunung bekommen soll. Hier ist ein Nachteil im Vergleich zum traditionellen Brot backen im Backofen zu nennen: Das Brot wird zwar eine dunkle Kruste (je nach Mehlsorte) erhalten, aber keine rösche Kruste, so wie Sie es vielleicht bislang von Ihrem Backofen gewöhnt sind. Der Brotbackautomat bezieht seine Wärme aus einem Ringheizkörper, der meist im unteren Viertel des Backraums angebracht ist. Aus diesem Grund fehlt die Oberhitze und somit die intensive Bräunung an der Brotoberseite. Aber Sie werden feststellen, dass es trotzdem genügend Gründe für einen Brotbackautomaten gibt.
Die **Funktion „Teig"** ist dafür vorgesehen, Teige nur kneten zu lassen, um sie danach entsprechend weiter zuverarbeiten. So können beispielsweise Brötchen, Fladen und Baguettes geformt und dann im Backofen fertig gebacken werden.

Praktisch ist auch die **„Timer"-Funktion**: Mit ihr können Sie einstellen, zu welchem Zeitpunkt Ihr Brot gebacken werden soll. Beachten Sie hierbei nur, dass Sie keine schnell verderblichen Waren wie Wurst, Gemüse, Jogurt oder Käse einfüllen.

Wenn Sie nun ihre individuelle Programmwahl getroffen haben, drücken Sie die Taste „Start". Nach dem **Programmstart** übernimmt der Brotbackautomat alles weitere für Sie. Er kümmert sich um das Kneten des Teigs, um die Ruhezeiten, die der Teig benötigt, um zu gären, und um das Backen. Wenn das Brot nach etwa drei bis fünf Stunden fertig ist, ertönt mehrmals ein Piepton, um anzuzeigen, dass das Brot entnommen werden kann.

Programmablauf eines Brotbackautomaten

> Backform einsetzen
> Knethaken einsetzen
> Zutaten einfüllen
> Deckel schließen
> Gerät einschalten
> Programmablauf wählen
> Starttaste drücken
> Ende des Programmablaufs, Brot herausnehmen

Die Grundzutaten

Mehl, Wasser, Salz und ein Lockerungsmittel, z. B. Hefe:
Mehr braucht es nicht, um ein köstliches Brot zu backen.

Aus wenigen Zutaten entsteht köstliches
Brot, das ganz nach eigenem Geschmack
variiert werden kann.

Mehl

Überwiegend werden kräftige Brot-
mehle aus Weizen, Roggen oder Dinkel
verwendet. Aus der **Typenzahl** des
Mehles können Sie die Eignung und den
Verwendungszweck ableiten. Je höher
die Typenzahl ist, desto mehr Vitamine,
Mineralstoffe und vor allem Ballaststof-
fe sind im Mehl enthalten.
Vollkornmahlerzeugnisse haben keine
Typenzahl. Da sie das ganze Korn
enthalten, werden sie als Vollkornmehl
bezeichnet. Achten Sie beim Kauf auf

allerbeste Qualität! Diese erhalten Sie
direkt in Mühlen, Bioläden, Reformhäusern und Kaufhäusern mit Lebensmit-
telabteilungen.

Weizen

Durch seinen hohen Eiweißanteil weist
Weizen optimale Backeigenschaften
auf. Im Handel ist er als ganzes Korn,
Schrot (fein, mittel, grob), Grieß, Dunst,
Vollkornmehl oder Mehl in verschiede-
nen Typenzahlen erhältlich.

Roggen

Bei Roggen ist die Menge und Qualität
von glutenbildenden Proteinen wesentlich geringer als beim Weizen, der Anteil
an Schleimstoffen (Pentosane) dagegen
wesentlich höher. Demzufolge ist der
Roggenteig nicht dehnbar und elastisch
sondern plastisch, mit leicht feuchter
Oberfläche. Die niedrige Verkleisterung
erfordert eine Säuerung des Teiges, da
das Brot sonst ungenießbar wird. Im
Handel ist Roggen als ganzes Korn,
Schrot (fein, mittel, grob), als Vollkornmehl oder Mehl in verschiedenen
Typenzahlen erhältlich.

Dinkel

Dinkel weist einen sehr hohen Feucht-
glutengehalt auf. Die Dinkelteige sind
sehr dehnbar, was den Anwendungsbe-
reich etwas einschränkt. Ernährungs-

physiologisch betrachtet wird Dinkel vom menschlichen Organismus besser vertragen als Weizen.

Unreif geernteter Dinkel kommt als **Grünkern** auf den Markt. Im Handel ist Dinkel als ganzes Korn, Schrot (fein, mittel, grob), als Vollkornmehl oder Mehl in verschiedenen Typenzahlen erhältlich.

Andere Getreidearten

Mais, Gerste, Reis, Hafer, Buchweizen, Amaranth und Hirse enthalten keine glutenbildenden Eiweißstoffe und sind deshalb alleine nicht backfähig. Sie müssen mit anderen backfähigen Getreidearten gemischt werden.

Wasser

Hauptsächlich wird zur Broterstellung Wasser verwendet, jedoch eignen sich auch andere Flüssigkeiten wie z. B. Mineralwasser, Frucht- und Gemüse-säfte, Milch, Buttermilch oder Jogurt. Beachten Sie, dass die Menge variiert, wenn Zutaten hinzukommen, die eben-falls Flüssigkeit enthalten wie Eier, Käse oder Gemüse. Die Temperatur sollte ca. 30-35°C betragen.

Salz

Kochsalz ist das wichtigste Brotgewürz bei der Broterstellung. Im Handel gibt es Salz in drei Feinheitsgraden: grob, mittel und fein. An Sorten wird Meer-, Stein-, Siede-, Jod-, Fluor-, Gewürz- und Kräutersalz angeboten.

Typen für Mahlerzeugnisse

Weizenmehl Typenzahl Eignung		Roggenmehl Typenzahl Eignung		Dinkelmehl Typenzahl Eignung	
405	Für feine Backwaren	610	Für helles Mischbrot	405	Für feine Backwaren
550	Für Weißgebäck	815	Für Brötchen und Mischbrot	630	Für alle Brotsorten
630	Für Weißgebäcke und helles Mischbrot	997	Für Misch- und Sauerteig-brot	1050	Für dunkleres Brot, Vollkornbrot
812	Für helles Mischbrot und zum Beimischen für Weißbrot	1150	Für Misch- und Sauerteig-brot		
1050	Für Mischbrot	1370	Für Misch- und Sauerteig-brot		
1200	Für dunkles Mischbrot	1800	Roggenschrot für Schrot-brot		
1700	Backschrot für Schrotbrot				
2000	Nachmehl für Ballast-stoffreiches Brot (alleine kaum backfähig)				

Übliche Salzmengen sind 2% der Mehlmenge, also 10 g Salz (etwa 1 EL) auf 500 g Mehl. Ob Sie nun Kräutersalze, Jod- oder Fluorsalze statt „normalem" Salz verwenden, hat keinen backtechnischen Einfluss auf das Brot im Brotbackautomaten, sondern nur auf den Geschmack des Brotes.

Lockerungsmittel

Damit ein Brot genießbar wird, benötigt man sogenannte Lockerungsmittel. Ohne diese wäre das Brot fest wie ein Stein, und somit ungenießbar. Für die Brotherstellung haben sich Hefe, Sauerteig und Backferment bewährt.

Hefe, Sauerteig und Backferment sorgen dafür, dass das Brot schön locker wird.

Hefe

Hefe ist ein pflanzliches Kleinlebewesen, das zu den niedrigen Pilzen zählt. Sie hat die Fähigkeit, Zucker in Alkohol und Kohlendioxid zu vergären. Durch dieses Kohlendioxid gelangt „Luft" in den Teig. Im Handel werden **Frischhefe** und **Trocken-/Instanthefe** angeboten.

Frische Hefe hat einen intensiveren Hefegeschmack als Trocken-/Instanthefe. Geben Sie den Hefewürfel nicht im Ganzen zum Teig, sondern zerbröseln Sie ihn vor der Verarbeitung, bzw. lösen Sie ihn in Wasser auf. So kann sich die Hefe sofort verteilen. Welche Methode Sie anwenden, hat keinen Einfluss auf das Backergebnis im Brotbackautomaten. Trocken-/Instanthefe hat sich durch seine lange Haltbarkeit bei den meisten Brotbackautomaten-Bäckern bewährt. Das Granulat wird einfach in den Teig gestreut.
Ein Päckchen Trockenhefe (10 g) entspricht ½ Würfel frischer Hefe (21 g) und reicht für ca. 500 g Mehl.

Sauerteig

Sauerteig ist ein Mittel zur Lockerung und Säuerung von Teig. Der Sauerteig allein ist im Prinzip zu nichts zu gebrauchen. Er muss mit weiteren Zutaten vermischt und dann gebacken werden. Man verwendet ihn überwiegend für Roggenbrote. Sauerteig macht aber auch Weizen- und Weizenmischbrote würziger und haltbarer. Sauerteig ist im Handel als Starter, frisch, fertig, flüssig, trocken, pastös und als Extrakt in Pulverform erhältlich. Beachten Sie unbedingt die Herstellerangaben! Die Mengenangaben unterscheiden sich enorm. In der Regel werden ca. 20 – 30 % der Mehlmenge versäuert. Sauerteig können Sie auch ganz leicht selbst herstellen.

Sauerteigansatz:
1 großes Einmachglas (1 Liter)
50 g Roggenmehl Type 1150
100 ml Wasser
15 g Bienenhonig

Das Mehl im Glas mit Wasser und Honig verrühren. Über die Öffnung des Glases ein Backpapier legen und mit einem Gummiring verschließen. Das Behältnis an einen warmen Ort (am besten auf das Fensterbrett) stellen und alle 12 Std. umrühren. Der Sauerteigansatz ist nach ca. 48 Std. backfähig und ca. 3 Wochen haltbar.

> **Klassischer 3-Stufen-Sauerteig:**
> 400 g Roggenmehl (Type 1150)
> 400 ml Wasser

1. Stufe: 100 g Roggenmehl und 100 ml lauwarmes Wasser mit einem Schneebesen oder einem Handrührgerät auf niedriger Stufe verrühren. Circa 24 Std. bei Zimmertemperatur in einem verschlossenen Einmachglas stehen lassen.
2. Stufe: Erneut 100 g Roggenmehl und 100 ml lauwarmes Wasser in das Einmachglas geben und gut verrühren. Das Ganze nun einen weiteren Tag bei Zimmertemperatur stehen lassen.
3. Stufe: Das restliche Roggenmehl 200 g) und Wasser (200 ml) dazugeben und wieder einen Tag stehen lassen. Der Teig müsste dann sehr säuerlich riechen und so schmecken, dass man beim Probieren das Gesicht verzieht. Falls noch gar keine Säure zu schmecken ist, noch einen weiteren Tag warten. Um den Sauerteig weiter zu entwickeln, können Sie in der 1. Stufe 50 g fertigen Sauerteigansatz zugeben.

Backferment

Das Backferment, das es heute in Reformhäusern und Bioläden als trockenes Granulat oder Grundansatz zu kaufen gibt, ist ein mildsaures Backtriebmittel

aus Honig, Getreide und Hülsenfrüchtemehl. Für Zöliakiekranke wurde ein glutenfreies Ferment auf Maisbasis entwickelt. Mit Backferment hergestellte Brote oder Brötchen sind für Menschen mit empfindlichem Verdauungstrakt besser bekömmlich als das mit Hefe oder Sauerteig hergestellte Brot. Obwohl es nie so bezeichnet wird, handelt es sich beim Backferment im Grunde um einen milden Sauerteig. Ähnlich wie bei diesem muss ein Grundansatz in der Regel in zwei Stufen hergestellt werden. Beachten Sie hierzu generell die Angaben des Herstellers!

Backmischungen

Unzählige Hersteller bieten fertige Brotbackmischungen an. Sie sind auf die Verarbeitung im Brotbackautomaten abgestimmt, enthalten alle notwendigen Zutaten (außer Wasser und teilweise Hefe) und sind meist sehr preiswert. Sie können Backmischungen auch eine persönliche Note verleihen, indem Sie statt Wasser Jogurt oder Buttermilch zugeben. Die Zugabe von Nüssen, Samen, Rosinen, Gewürzen oder Kräutern bietet weitere Möglichkeiten der Verfeinerung.

Fertige Backmischungen

Vorteile:
> preisgünstig
> gleichbleibende Qualität

Nachteile:
> geringere Qualität als frisch gemahlene Mehle
> enthalten evtl. Konservierungsmittel

Nahrungsmittelallergien und -unverträglichkeiten

Manche Menschen können Eier, Milch, Nüsse oder Brot nicht unbeschadet essen. Sie werden von einer Nahrungsmittelallergie bzw. -unverträglichkeit geplagt. Nur wenn Sie Ihr Brot selber backen, können Sie bestimmen, welche Zutaten in Ihrem Brot verarbeitet werden. Deshalb verwenden insbesondere Nahrungsmittelallergiker sehr gerne einen Brotbackautomaten. Um bestimmte Zutaten, die allergische Reaktionen auslösen können, gegen andere, allergiefreie Zutaten, zu ersetzen, erfordert es Übung und Erfahrung. Die Alternativen sind meist beschränkt, aber fast immer gibt es eine Austauschmöglichkeit, um ein köstliches Brot herstellen zu können.

Die DZG (Deutsche Zöliakie Gesellschaft e.V., www.dzg-online.de) hat in Zusammenarbeit mit Mühlen verschiedene **Brotbackrezepte und backfähige Mehlmischungen** für den Brotbackautomaten entwickelt. Diese sind recht einfach in der Handhabung. Glutenfreie Mehle und Mehlmischungen finden Sie ebenfalls in Reformhäusern und Bioläden. Auch im Internet bieten sich verschiedene Hersteller an. Wenn Sie in eine Suchmaschine den Begriff „Mehle bei Zöliakie" oder „glutenfreie Mehle" eingeben, erhalten Sie viele Informationen.

Vorschläge bei Unverträglichkeit:

> **Gegen Weizen und Roggen:**
  Verwenden Sie andere Getreidesorten wie Amaranth oder Quinoa.
> **Gegen Klebereiweiß (Gluten):**
  Verwenden Sie glutenfreie Mehle, Mais oder Reis.
> **Gegen Zucker:**
  Verwenden Sie Zuckeraustauschstoffe wie Saccharin oder Birnendicksaft.
> **Gegen Hefe:**
  Verwenden Sie Sauerteig, Backferment oder Teige mit Backpulver.
> **Gegen Hühnereier:**
  Verwenden Sie Wachteleier oder vollfettes Sojamehl.
> **Gegen Milch:**
  Verwenden Sie Hafer-, Schafs-, Reismilch oder Wasser und Öl.

Zuerst werden meistens die flüssigen Zutaten in die Backform gefüllt.

Erfolgstipps

Die wichtigsten Faktoren für den Erfolg des Brotbackens sind Qualität, Frische und Temperatur der Zutaten sowie das exakte Abwiegen.

Bei der Zubereitung

Benutzen Sie für Ihren ersten Versuch ein Rezept aus der Gebrauchsanweisung Ihres Brotbackautomaten oder eine Backmischung aus dem Handel. So können Sie sich am einfachsten mit der Bedienung des Gerätes vertraut machen.

Vergewissern Sie sich, dass der Knethaken richtig eingesetzt ist.

Alle Zutaten, die Sie in den Brotbackautomaten hineingeben, sollten Zimmertemperatur haben, also ca. 18 bis 23 °C. Flüssigkeiten wie Wasser, Vollmilch, Säfte usw. sollten ca. 30 °C warm sein. Wiegen Sie sämtliche Zutaten sorgfältig ab. Ich wiege sogar das Wasser ab, da es viel genauer ist als ein Messbecher. Sie werden den Unterschied merken, wenn Sie einmal 250 ml abwiegen und dann messen.

Mischen Sie die trockenen Zutaten bevor sie in den Brotbackautomaten gegeben werden. Mit dieser „Vormischung" haben sie die Gewährleistung, dass auch bei Programmen mit kurzer Knetzeit alles gut vermischt ist.

Achten Sie darauf, dass die Hefe nicht direkt mit Salz oder Zucker in Berührung kommt, da sie sonst sofort zu arbeiten beginnt. Falls Sie die Timer-Funktion verwenden, um Ihr Brot erst in 12 Stunden zu backen, wäre die Hefe bis dahin schon „verbraucht". Geben Sie also in die Backform zuerst die Flüssigkeit, dann Salz und Zucker, Mehl und zuletzt die Hefe.

Nehmen Sie nach dem ersten Knetvorgang einen Teigschaber und kratzen Sie das Restmehl in den Ecken der Backform zusammen. So haben Sie hinterher kein Brot mit Mehlrändern.

Beobachten Sie beim Knetvorgang die Teigkonsistenz. Der Teig sollte weich sein, leicht kleben, aber keine Fäden ziehen. Es ergibt sich bei leichten, hellen Teigen eine Kugel. Bei schweren, dunklen Teigen wie Roggenvollkorn oder Körnerbrot ist der Teig eher „fließend". Überprüfen Sie die Teigkonsistenz nach dem ersten Kneten. Falls er noch zu feucht und/oder weich ist, geben Sie esslöffelweise noch etwas Mehl hinzu. Ist der Teig hingegen zu trocken und/oder zu fest, geben Sie esslöffelweise noch etwas Wasser bzw. eine andere Flüssigkeit hinzu. Mit der Zeit bekommen Sie Routine und sehen sofort, ob der Teig noch zu weich oder zu fest ist.

Nehmen Sie nach dem letzten Knetgang den Knethaken heraus. So ersparen Sie sich das Loch im Brot. Streuen Sie dazu etwas Mehl in ihre Hände. Je nach Model des Brotbackautomaten können Sie im Display sehen, wann der Knetvorgang beendet ist oder Sie schauen in ihrer Gebrauchsanweisung wie die Zeiten des Knetvorgangs sind und richten sich nach der Uhr.

Für ein schönes Aussehen bestreichen Sie den Teig mit Hilfe eines Backpinsels mit Wasser, Speiseöl, Sahne oder Ei und bestreuen ihn mit Sesamsamen, Sonnenblumenkörnern, geriebenem Käse, gehackten Walnüssen.

Öffnen Sie den Deckel nicht mehr, wenn der Teig ruht (gärt), sonst könnte er zusammenfallen und das Brot wäre ungenießbar.

Nach dem letzten Knetgang sieht der Teig so aus. Nun können Sie noch letzte Zutaten wie Körnermischungen aufstreuen.

Nach dem Backen

Sollte Ihr Brot zu hell sein, können Sie es mit dem Programm „Backen" sofort nachbacken.

Nehmen Sie das fertig gebackene Brot gleich aus der Backform, sonst wird es feucht. Einige Brotbackautomaten besitzen eine Warmhaltefunktion von bis zu 1 Stunde. Dadurch wird vermieden, dass sich Kondenswasser bildet und das Brot matschig wird.

Sollten Sie den Knethaken nach dem letzten Knetgang nicht entfernt haben, drehen Sie den Brotbehälter um und drehen Sie ein paar Mal an der Antriebswelle. So fällt der Knethaken leichter heraus. Ist der Knethaken festgebacken, was bei schweren Teigen wie Vollkornteigen eher vorkommt als bei hellen Weißbrotteigen, leistet ein Knethakenentferner, den manche Hersteller mitliefern, gute Dienste. Sie können den Knethaken aber auch mit einem kleinen, scharfen Messer freischneiden und dann mit den Fingern entfernen.

Sie können das Brot nach dem Backen direkt mit kaltem Wasser oder Speiseöl bestreichen. Somit bekommt die Kruste einen stärkeren Glanz. Zum Bestreichen eignet sich ein Kuchenpinsel ganz ausgezeichnet.

Lassen Sie Ihr Brot richtig auskühlen, bevor Sie es anschneiden. Es schneidet sich dann besser.

Lassen Sie den Deckel des Brotbackautomaten nicht zu lange geöffnet. Sonst leiert das Scharnier aus und der Deckel lässt sich nicht mehr richtig schließen.

Alle Brotsorten eignen sich hervorragend zum Toasten, was immer ein
besonderer Genuss ist.
Brot luftdicht, sauber und trocken in
dafür vorgesehenen Brotgefäßen lagern.
Der Kühlschrank ist nicht geeignet, da
das Brot hier schnell austrocknet. Wenn
Sie Brot länger aufbewahren wollen,
frieren Sie es ein, ein bis drei Monate
bleibt es so frisch. Bei Zimmertempera-
tur wieder auftauen lassen, und wenn
Sie möchten, bei 200 °C im Backofen ca.
10 bis 15 Min. knusprig aufbacken.
Zum Reinigen ziehen Sie bitte den
Netzstecker und lassen den Brotbackautomaten richtig auskühlen. Reinigen
Sie die Backform mit Spülwasser und
verwenden Sie keine Scheuermittel oder
Metallbürsten. Damit würden Sie die
Antihaftbeschichtung zerstören.
Bevor Sie zuviel gebackenes Brot weg-
werfen müssen, schauen Sie sich meine
Rezepte zu Brotgerichten, Aufläufen,
Suppen, Salaten usw. an (ab S. 117), machen Sie Paniermehl oder verwerten Sie
die Reste, indem Sie sie klein gemahlen
in den nächsten Brotteig geben. Verwenden Sie nur trockenes, nie schim-
meliges Brot dafür. Brotschimmel ist
ungenießbar und muss sofort entsorgt
werden.

Aus den **Grundteigen** (siehe Klappe),
lassen sich ganz einfach eine Fülle
verschiedener Brote backen. Zusätzlich
habe ich Tipps verfasst, die Sie animieren sollen, auch eigene Kreationen
zu entwickeln. Vertrauen Sie auf Ihr
Geschmacksempfinden!
Die Rezeptmengen sind für 500 g- und
750 g-Brote angegeben. Die Mengenangaben sind größtenteils in Gramm (g)
gehalten, ergänzt durch Milliliter (ml),
Esslöffel (EL), Teelöffel (TL), Messer-
spitze (Msp.) und Prise (man greift mit
Daumen und Zeigefinger in die Zutat).
Wiegen Sie sämtliche Zutaten sorgfältig
ab und achten Sie darauf, dass diese
Zimmertemperatur haben.

Mengenangaben in den Rezepten:
Salz: 1 ½ TL entspricht ca. 10 g.
Zucker: 1 ½ TL entspricht ca. 10 g.
Honig: Je nach Honigsorte erhalten Sie
einen anderen Geschmack.
Hefe: Wenn im Rezept Trockenhefe an-
gegeben ist (2 TL entsprechen ca. 10 g),
können Sie diese auch durch ½ Würfel
frische Hefe (21 g) ersetzen. Zum richti-
gen Umgang mit Hefe siehe S. 12).
Sauerteig: Gibt es in unterschiedlichen
Formen zu kaufen. Als Starter, ferti-
ger Sauerteig, flüssig, pastos und in
Pulverform. Bei allen Rezepten verwen-
de ich gebrauchsfertigen, flüssigen
Bio-Natur-Sauerteig. Bitte beachten Sie
bei Sauerteig immer die Angaben des
Herstellers.

Die Rezepte für **Brotgerichte** sind in der
Regel, wenn nicht anders angegeben,
für 4 Personen ausgelegt.

Die Brot-Rezepte

Einfach und doch raffiniert: 4 simple
Zutaten, Liebe zum Backen und Kreativität
sind der Schlüssel zum Erfolg.

Helle Brote

Weißbrote passen hervorragend zum Frühstück, zu Salaten oder zu Wein und Käse.

Weißbrot

Programm „Weißbrot"
Für 500 g | Für 750 g

160 ml Wasser 240 ml
10 g (1EL) Sonnenblumenöl 15 g (1½ EL)
1 Ei (Größe M)
170 g Weizenmehl Type 550 250 g
130 g Weizenmehl Type 405 200 g
6,5 g Salz 10 g
6,5 g Zucker 10 g
¾ TL Trockenhefe 1 TL

Weizenbrot

Programm „Normal" oder „Weißbrot"
Für 500 g | Für 750 g

220 ml Wasser 330 ml
10 g (1EL) Speiseöl 15 g (1 ½ EL)
200 g Weizenmehl Type 550 300 g
130 g Weizenmehl Type 812 200 g
6,5 g Salz 10 g
1 TL Trockenhefe 1 ½ TL

Tipp

Croutons

Schneiden Sie Weißbrotscheiben in Würfel und rösten Sie diese in einer Pfanne mit Speiseöl. Diese Brotcroutons passen hervorragend zu grünen Salaten.

Grießbrot

Programm „Normal" oder „Weißbrot"
Für 500 g | Für 750 g

210 ml Wasser 320 ml
20 g Sauerteig 30 g
330 g Weizenmehl Type 550 400 g
65 g Hartweizengrieß, fein 100 g
6,5 g Salz 10 g
1 TL Trockenhefe 1 ½ TL

» **Mein Tipp:** Fügen Sie dem Teig grob gehackte Datteln hinzu.

Landbrot

Programm „Normal" oder „Weißbrot"
Für 500 g | Für 750 g

200 ml Wasser 300 ml
10 g (1EL) Essig 15 g (1 ½ EL)
290 g Weizenmehl Type 1050 430 g
30 g Roggenmehl Type 997 50 g
6,5 g Salz 10 g
1 TL Trockenhefe 1 ½ TL

Landbrot mit leckerem Frischkäse ist ein frühlingsfrischer Snack.

Bauernbrot

Programm „Normal" oder „Weißbrot"
Für 500 g | Für 750 g

210 ml Wasser 320 ml
15 g Butter 20 g
130 g Weizenmehl Type 550 200 g
200 g Weizenmehl Type1050 300 g
6,5 g Salz 10 g
1 TL Trockenhefe 1 ½ TL

Sonnenblumenkernbrot

Programm „Normal" oder „Weißbrot"
Für 500 g | Für 750 g

200 ml Wasser 300 ml
10 g (1EL) Sonnenblumenöl 15 g (1 ½ EL)
230 g Weizenmehl Type 550 350 g
100 g Weizenmehl Type 1050 150 g
6,5 g Salz 10 g
6,5 g Zucker 10 g
¾ TL Trockenhefe 1 TL

Nach dem Signalton:
30 g Sonnenblumenkerne 40 g

Tipp

Brotdekoration

Streuen Sie etwas Weizenmehl
nach dem letzten Knetgang auf
die Teigoberfläche. So bekommt das
Brot ein rustikales Aussehen.

» **Mein Tipp:** Rösten Sie die Sonnen-
blumenkerne in einer Pfanne an.
So erhalten Sie ein intensiveres
Aroma.

Nussbrot

Programm „Normal" oder „Weißbrot"
Für 500 g | Für 750 g

210 ml Wasser 320 ml
330 g Weizenmehl Type 550 500 g
6,5 g Salz 10 g
1 TL Trockenhefe 1 ½ TL

Nach dem Signalton:
60 g grob gehackte Walnüsse 80 g

» Mein Tipp: Statt der Walnüsse
Haselnüsse mit gehackten
Mandeln mischen und nach dem
Signalton zugeben.

Gewürzbrot

Programm „Normal" oder „Weißbrot"
Für 500 g | Für 750 g

210 ml Wasser 320 ml
330 g Weizenmehl Type 812 500 g
6,5 g Salz 10 g
1 TL Trockenhefe 1 ½ TL
1 EL Brotgewürzmischung
(Kümmel, Koriander, Kardamon,
Anis, Fenchel) 1 ½ EL

» Mein Tipp: Lassen Sie sich
von Ihren Vorlieben leiten und
variieren Sie die Gewürze.

Das Nussbrot schmeckt hervorragend zu Käse und Wein.

Sesam-Anisbrot

Programm „Normal" oder „Weißbrot"

Für 500 g | Für 750 g

210 ml Wasser 320 ml
330 g Weizenmehl Type 550 500 g
6,5 g Salz 10 g
¾ TL Trockenhefe 1 TL

Nach dem Signalton:

5 g gemahlener Sternanis 7,5 g
50 g Sesamsamen 75 g

» **Mein Tipp:** Besonders lecker als
Aperitif sind knusprige
Brotstangen aus diesem Teig!

Kartoffelbrot

Programm „Normal" oder „Weißbrot"

Vorbereitung:
Kartoffel mit Schale kochen, abkühlen
lassen und schälen.
Mit einer Gabel zerdrücken und nach
dem Signalton zum Teig geben.

Für 500 g | Für 750 g

210 ml Wasser 320 ml
330 g Weizenmehl Type 1050 500 g
6,5 g Salz 10 g
3,5 g Zucker 5 g
1 TL Trockenhefe 1 ½ TL

Nach dem Signalton:

1 mittelgroße gekochte Kartoffel 1 große

» **Mein Tipp:** Sie können in Olivenöl
angeschwitzte Zwiebelwürfel von
einer kleinen Zwiebel dazu geben.
Masse vor Zugabe erst auskühlen
lassen.

Gerstenbrot

Programm „Normal" oder „Weißbrot"

Für 500 g | Für 750 g

200 ml Wasser 300 ml
230 g Weizenmehl Type 550 350 g
100 g Gerstenschrot fein gemahlen 150 g
6,5 g Salz 10 g
1 TL Trockenhefe 1 ½ TL

Nach dem Signalton:

½ TL Brotgewürz (Fenchel, Anis,
Koriander, Kümmel) 1 TL

Weizenkeimbrot

Programm „Normal" oder „Weißbrot"

Für 500 g | Für 750 g

210 ml Wasser 320 ml
15 g(1 ½ EL) Sonnenblumenöl 20 g (2 EL)
330 g Weizenmehl Type 550 500 g
6,5 g Salz 10 g
6,5 g Zucker 10 g
¾ TL Trockenhefe 1 TL

Nach dem Signalton:

35 g geröstete Weizenkeime 50 g

Haferflockenbrot

Programm „Normal" oder „Weißbrot"

Für 500 g | Für 750 g

230 ml Wasser 300 ml
10 g (1EL) Sonnenblumenöl 15 g (1 ½ EL)
300 g Weizenmehl Type 1050 450 g
6,5 g Salz 10 g
15 g Honig 20 g
¾ TL Trockenhefe 1 TL

Nach dem Signalton:
40g kernige Haferflocken 60 g

Das Auge isst mit

Tipp

Benässen Sie die Brotoberfläche nach dem letzten Kneten mit einem Küchenpinsel und streuen Sie Haferflocken auf. So bekommt Ihr Brot ein schönes Aussehen.

Das Haferflockenbrot ist ein mildes Brot, das zu süßen wie pikanten Aufstrichen passt.

Schmelzkäsebrot

Programm „Normal" oder „Weißbrot"
Für 500 g | Für 750 g

150 ml Wasser 220 ml
50 g Schmelzkäse 80 g
300 g Weizenmehl Type 550 450 g
6,5 g Salz 10 g
1 TL Trockenhefe 1 ½ TL

» **Mein Tipp:** Verwenden Sie Kräuter- oder Knoblauchschmelzkäse. So erhält das Brot ein besonderes Aroma.

Safranbrot

Programm „Normal" oder „Weißbrot"
Für 500 g | Für 750 g

190 ml Wasser 280 ml
10 g (1 EL) Speiseöl 15 g (1 ½ EL)
1 Ei (Größe M)
330 g Weizenmehl Type 550 500 g
6,5 g Salz 10 g
6,5 g Zucker 10 g
¾ TL Trockenhefe 1 TL

Nach dem Signalton:
1 Prise Safranfäden oder Safranpulver

Zitronenbrot

Programm „Normal" oder „Weißbrot"
Für 500 g | Für 750 g

210 ml Wasser 320 ml
330 g Weizenmehl Type 550 500 g
6,5 g Salz 10 g
¾ TL Trockenhefe 1 TL

Nach dem Signalton:
abgeriebene Schale von
1 unbehandelten Zitrone
abgeriebene Schale von
1,5 unbehandelten Zitronen

» **Mein Tipp:** Backen Sie aus dem Teig kleine Brötchen und reichen Sie diese zu einer Schüssel Salat. Ein Hit auf jeder Gartenparty!

Tipp

Brot als Beilage

Safranbrot oder -brötchen sind ideale Begleiter zu Fischgerichten.

Zitronenbrot mit Räucherlachs – ein ganz besonderer Genuss.

Paprikabrot

Programm „Normal" oder „Weißbrot"

Für 500 g | Für 750 g

210 ml Wasser 320 ml
10 g Speiseöl 15 g
330 g Weizenmehl Type 550 500 g
6,5 g Salz 10 g
½ TL Paprikapulver 1 TL
½ TL Chillipulver 1 TL
1 TL Trockenhefe 1 ½ TL

Nach dem Signalton:
50 g getrocknete Paprika,
fein gewürfelt 80 g

Mein Tipp: Getrocknete Paprika
mit getrockneten Tomaten
mischen und nach dem Signalton
dazugeben.

Winzerbrot

Programm „Normal" oder „Weißbrot"

Für 500 g | Für 750 g

90 ml Wasser 140 ml
90 ml trockener Weißwein 140 ml
10 g (1EL) Speiseöl 15 g (1 ½ EL)
230 g Weizenmehl Type 550 350 g
100 g Roggenvollkornmehl 150 g
6,5 g Salz 10 g
6,5 g Zucker 10 g
¾ TL Trockenhefe 1 TL
20 g Sauerteig 30 g

Mein Tipp: Servieren Sie Käse–
würfel (z. B. Gouda) mit
Weintrauben zum Winzerbrot.

Olivenölbrot

Programm „Normal" oder „Weißbrot"

Für 500 g | Für 750 g

200 ml Wasser 300 ml
15 ml (2 EL) natives Olivenöl 30 ml (4 EL)
330 g Weizenmehl Type 550 500 g
6,5 g Salz 10 g
1 TL Trockenhefe 1 ½ TL

Mein Tipp: Ich ziehe mildfruchtige
Olivenöle den kräftigen und etwas
scharfen Olivenölen vor.

Bierbrot

Programm „Normal" oder „Weißbrot"

Für 500 g | Für 750 g

210 ml Bier (Pils) 320 ml
330 g Weizenmehl Type 550 500 g
6,5 g Salz 10 g
¾ TL Trockenhefe 1 TL

Mein Tipp: Je nach Biersorte
erhält dieses Brot einen anderen
Geschmack.

Oliven-Speck-Brot

Programm „Normal"

Vorbereitung:
› 200 g gewürfelten Frühstücksspeck in
einer Pfanne knusprig anbraten.
› 200 g Oliven entsteinen (grüne und
violette), mit Salbei abschmecken und
untermischen.
› Abkühlen lassen und nach
dem Signalton zum Brot geben.

Für 500 g | Für 750 g

170 ml Wasser 250 ml
30 ml (3 EL) Olivenöl 50 ml (4 EL)
260 g Weizenmehl Type 550 400 g
60 g Weizenmehl Type 1050 100 g
20 g grober Gries 30 g
6,5 g Salz 10 g
1 TL Trockenhefe 1 ½ TL

Nach dem Signalton:
Olivenmischung beigeben

» **Mein Tipp:** Formen Sie aus dem
Teig kleine Brötchen (ca. 30 g)
und backen Sie diese im Ofen bei
200 Grad ca. 10 Min.

Oliven-Speck-Brot mit Butter oder
einer Schüssel Salat – mehr braucht
es nicht.

Knoblauchbrot

Programm „Normal" oder „Weißbrot"
Für 500 g | Für 750 g

200 ml Wasser 300 ml
25 ml (2 ½ EL) Knoblauchöl 40 ml (4 EL)
330 g Weizenmehl Type 550 500 g
6,5 g Knoblauchsalz 10 g
¾ TL Trockenhefe 1 TL

Nach dem Signalton:
1 TL frischer Knoblauch, gehackt 2 TL
1 TL geriebener Parmesan 1 ½ TL

»

Mein Tipp: Formen Sie aus dem Teig Knoblauchstangen und backen Sie sie knusprig im Ofen fertig.

Toastbrot

Programm „Weißbrot"
Für 500 g | Für 750 g

200 ml Wasser 300 ml
30 g Butter 50 g
260 g Weizenmehl Type 405 400 g
70 g Weizenmehl Type 550 100 g
6,5 g Salz 10 g
6,5 g Zucker 10 g
1 TL Trockenhefe 1 ½ TL

»

Mein Tipp: Auch andere Brotsorten eignen sich hervorragend zum Toasten. Bestrichen mit Butter und/oder einem Aufstrich wird es zum Genuss!

Kümmel-Käse-Brot

Programm „Normal" oder „Weißbrot"
Für 500 g | Für 750 g

210 ml Wasser 320 ml
330 g Weizenmehl Type 550 500 g
6,5 g Salz 10 g
¾ TL Trockenhefe 1 TL

Nach dem Signalton:
1 ½ TL Kümmelsamen 2 TL
1 TL gemahlener Kümmel 1 ½ TL
160 g grob geriebener Käse (Gruyère) 250 g

»

Mein Tipp: Streuen Sie vor dem Backen ca. 25 g geriebenen Käse und 1 Prise gemahlenen Kümmel und Kümmelsamen auf den Teig.

Kümmel-Käse-Brot. Je nach Käsesorte erhalten Sie einen anderen Geschmack.

Ciabatta

Programm „Teig"
Für 500 g | Für 750 g

Vorteig:
70 ml Wasser 105 ml
140 g Weizenmehl Type 405 210 g
½ TL Trockenhefe ¾ TL
Vorteig 24 Std. stehen lassen.

Zum Vorteig dazu:
140 ml Wasser 210 ml
20 g (2EL) Avocadoöl 30 g (3EL)
200 g Weizenmehl Type 550 300 g
6,5 g Salz 10 g
½ TL Trockenhefe ¾ TL

Stangenbrot

Tipp

Backen Sie das Ciabatta im Ofen fertig.
Dazu den Teig in drei gleich große Stücke
teilen und auf ein gefettetes Backblech legen.
Den Teig 30-40 Min. ruhen lassen. Backofen vor-
heizen, dann bei 220 °C ca. 18 - 20 Min. backen.

Rosmarinbrot

Programm „Normal" oder „Weißbrot"
Für 500 g | Für 750 g

200 ml Wasser 300 ml
25 ml (2 ½ EL) Olivenöl 40 ml (4 EL)
330 g Weizenmehl Type 550 500 g
6,5 g Salz 10 g
6,5 g Zucker 10 g
¾ TL Trockenhefe 1 TL

Nach dem Signalton:
20 g fein geschnittener Rosmarin 30 g

Chilibrot

Programm „Normal"
Für 500 g | Für 750 g

200 ml Wasser 300 ml
330 g Weizenmehl Type 550 500 g
6,5 g Salz 10 g
15 g Sambal Olek (Chilipaste) 20 g
1 Tropfen Tabasco (Pfeffersoße)
2 Tropfen
¾ TL Trockenhefe 1 TL

Nach dem Signalton:
1 TL Chilipulver 1 ½ TL
20 g getrocknete Tomaten 30 g
30 g gekochte Maiskörner 50 g
16 g getrocknete rote Peperoni,
fein geschnitten 25 g

Thunfischbrot

Programm „Normal" oder „Weißbrot"
Für 500 g | Für 750 g

200 ml Wasser 300 ml
150 g Thunfisch aus der Dose
mit Öl 220 g
20 g (2 EL) Olivenöl 30 g (3 EL)
15 g Butter 20 g
330 g Weizenmehl Type 550 500 g
6,5 g Salz 10 g
1 TL Trockenhefe 1 ½ TL

Nach dem Signalton:
25 g fein gehackte rote Zwiebeln 40 g

» **Mein Tipp:** Statt Thunfisch können
Sie auch Sardellen verwenden.

Wenn Sie es scharf mögen, werden
Sie das Chilibrot lieben.

Dunkle Brote

Diese Brote haben einen herzhaften, rustikalen, kräftigen und aromatischen Charakter. Die Brote werden überwiegend mit Hefe und Sauerteig hergestellt.

Roggenmischbrot

Programm „Normal"
Für 500 g | Für 750 g

160 ml Wasser 250 ml
10 g (1 EL) Speiseöl 15 g (1 ½ EL)
50 g Sauerteig 75 g
160 g Weizenmehl Type 550 250 g
130 g Roggenmehl Type 1150 200 g
6,5 g Salz 10 g
6,5 g Zucker 10 g
1 TL Trockenhefe 1 ½ TL

Lavendel-Honig-Brot

Programm „Normal"
Für 500 g | Für 750 g

230 ml Wasser 350 ml
200 g Weizenvollkornmehl 300 g
130 g Weizenmehl Type 550 200 g
20 g Blütenhonig 30 g
6,5 g Salz 10 g
¾ TL Trockenhefe 1 TL

Nach dem Signalton:
1 ½ TL Lavendelblüten (frisch oder getrocknet) 2 TL

» **Mein Tipp:** Je nach Honigsorte erhalten Sie einen anderen Geschmack.

Mehrkornbrot

Programm „Normal" oder „Vollkorn"
Für 500 g | Für 750 g

210 ml Wasser 320 ml
160 g Weizenmehl Type 1050 250 g
130 g Weizenvollkornmehl 200 g
6,5 g Salz 10 g
1 TL Trockenhefe 1 ½ TL

Nach dem Signalton:
60 g Mehrkorn-Körnermischung 100 g

» **Mein Tipp:** Mehrkornmischung können Sie fertig kaufen oder Sie mischen einzelne Körner- und Samensorten nach Ihrem Geschmack.

Dem Duft vom Lavendel-Honig-Brot kann keiner widerstehen.

Sesam-Leinsamen-Brot

Vorbereitung:
Sesamsaat und Leinsamen ca. 1 Stunde
in 60 ml | 100 ml warmem Wasser
einweichen.

Programm „Normal"
Für 500 g | Für 750 g

160 ml Wasser 250 ml
260 g Dinkelmehl Type 630 400 g
30 g Roggenmehl Type 997 50 g
1 TL Koriander gemahlen 1 ½ TL
6,5 g Salz 10 g
1 TL Trockenhefe 1 ½ TL

Gesundheitstipp

Tipp

Sie können auch nur Lein-
samen verwenden, denn
Leinsamen fördert die Verdauung und
unterstützt die Darmschleimhaut.

Nach dem Signalton:
50 g eingeweichte Sesam- und
Leinsamen 80 g

Walnuss-Dattel-Brot

Programm „Normal"
Für 500 g | Für 750 g

230 ml Wasser 350 ml
260 g Weizenmehl Type 550 400 g
60 g Roggenmehl Type 1150 100 g
6,5 g Salz 10 g
¾ TL Trockenhefe 1 TL
20 g Sauerteig 30 g

Nach dem Signalton:
80 g grob gehackte Walnüsse 120 g
70 g grob gehackte, getrocknete
Datteln 100 g

Kaffeebrot

Programm „Normal"
Für 500 g | Für 750 g

230 ml Wasser 350 ml
20 g Butter 30 g
260 g Dinkelmehl Type 630 400 g
60 g Weizenvollkornmehl 100 g
1 EL lösliches Kaffeepulver (z. B. Espres-
so, Landkaffee) 1 ½ EL
20 g Akazienhonig 30 g
10 g ungezuckerter Kakao 15 g
6,5 g Salz 10 g
1 TL Trockenhefe 1 ½ TL

Reisbrot

Programm „Normal"
Für 500 g | Für 750 g

200 ml Wasser 300 ml
200 g Dinkelvollkornmehl 300 g
100 g Weizenmehl Type 550 150 g
6,5 g Salz 10 g
5 g Zucker 7,5 g
1 TL Trockenhefe 1 ½ TL

Nach dem Signalton:
100 g gekochter, bissfester Reis
(Naturreis) 150 g

» **Mein Tipp:** Reisbrot ist die ideale
„Resteverwertung", wenn Sie vom
Mittagessen Reis übrig haben.

Fenchel-Körner-Brot

Programm „Normal"
Für 500 g | Für 750 g

230 ml Wasser 350 ml
10 g (1 EL) Sonnenblumenöl 15 g (1 ½ EL)
200 g Weizenmehl Type 1050 300 g
100 g Weizenvollkornmehl 150 g
6,5 g Salz 10 g
1 TL Trockenhefe 1 ½ TL

Nach dem Signalton:
25 g Sonnenblumenkerne 40 g
25 g Kürbiskerne 40 g
1 EL Fenchelsamen 2 EL

» **Mein Tipp:** Ersetzen Sie die Hälfte
der Wassermenge durch abgekühl-
ten Fencheltee.

Walnuss-Dattel-Brot – Scheibe
für Scheibe echt lecker.

Ziegenkäsebrot

Programm „Normal"

Für 500 g | Für 750 g

170 ml Wasser 260 ml
200 g Weizenmehl Type 550 300 g
60 g Roggenmehl Type 1150 100 g
6,5 g Salz 10 g
5 g Zucker 7,5 g
1 TL Trockenhefe 1 ½ TL

Nach dem Signalton:
100 g Ziegenfrischkäse 150 g
25 g geschnittener Schnittlauch 40 g
½ TL gemahlener Kümmel 1 TL

Holunderblütenbrot

Programm „Normal"

Für 500 g | Für 750 g

210 ml Wasser 320 ml
25 g Sauerteig 40 g
160 g Weizenmehl Type 550 250g
100 g Weizenmehl Type 1050 150 g
60 g Roggenmehl Type 1150 100 g
6,5 g Salz 10 g
1 ½ EL Holunderblütensirup 2 EL
1 TL Trockenhefe 1 ½ TL

Nach dem Signalton:
2 ½ EL getrocknete Holunderblüten 3 EL
½ TL abgeriebene Zitronenschale von
einer unbehandelten Zitrone 1 TL

Bärlauchbrot

Programm „Normal"

Für 500 g | Für 750 g

230 ml Wasser 350 ml
200 g Weizenmehl Type 550 300 g
60 g Weizenvollkornmehl 100 g
60 g Roggenmehl Type 1150 100 g
6,5 g Salz 10 g
1 TL Trockenhefe 1 ½ TL

Nach dem Signalton:
50 g frischer Bärlauch,
grob gehackt 80 g

Grünkernbrot

Programm „Normal"

Für 500 g | Für 750 g

200 g Wasser 300 g
1 EL Ahornsirup 1 ½ EL
25 g Sauerteig 40 g
200 g Weizenmehl Type 1150 200 g
60 g Roggenvollkornmehl 100 g
130 g Grünkernmehl 200 g
6,5 g Salz 10 g
1 TL Trockenhefe 1 ½ TL

Tipp

Fit in den Tag

Holunderblütenbrot ist ein
ideales Frühstücksbrot. Es bringt
Schwung für den Start in den Tag.

Senfbrot

Programm „Normal"
Für 500 g | Für 750 g

200 ml Wasser 300 ml
25 g Sauerteig 40 g
200 g Weizenmehl Type 550 300 g
60 g Weizenschrot 100 g
60 g Roggenschrot 100 g
6,5 g Salz 10 g
1 TL Trockenhefe 1 ½ TL

Nach dem Signalton:
15 g Senf 25 g
25 g Halbhartkäse (z. B. Tilsiter), fein gewürfelt 40 g

» Mein Tipp: Vor dem Backen mit Senf bestreichen und Sonnenblumenkerne aufstreuen.

Roggen-Kümmel-Brot

Programm „Normal"
Für 500 g | Für 750 g

200 ml Wasser 300 ml
50 g Sauerteig 75 g
200 g Roggenmehl Type 997 300 g
130 g Weizenmehl Type 550 200 g
6,5 g Salz 10 g
1 TL Trockenhefe 1 ½ TL

Nach dem Signalton:
2 TL Kümmelsamen 3 TL
½ TL gemahlener Kümmel 1 TL

Senfbrot – diesen Genuss sollten Sie sich nicht entgehen lassen.

Buchweizenbrot

Programm „Teig"
Für 500 g | Für 750 g

130 ml heißes Wasser (50 °C) 200 ml
100 g Buchweizen 150 g
Teig zubereiten und mindestens 12 Std.
stehen lassen.

Programm „Normal"
35 ml Wasser 50 ml
25 g Butter 35 g
160 g Weizenmehl Type 1050 250 g
60 g Roggenvollkornmehl 100 g
6,5 g Salz 10 g
6,5 g Zucker 10 g
1 TL Trockenhefe 1 ½ TL
25 g Sauerteig 40 g

Rotweinbrot

Programm „Normal"
Für 500 g | 750 g

100 g Rotwein 150 g
100 g Wasser 150 g
25 g Sauerteig 40 g
200 g Weizenmehl Type 550 300 g
60 g Roggenschrot 100 g
60 g Weizenschrot 100 g
6,5 g Salz 10 g
1 TL Trockenhefe 1 ½ TL

Dinkelmischbrot

Programm „Normal"
Für 500 g | Für 750 g

200 ml Wasser 300 ml
25 g Sauerteig 40 g
200 g Dinkelmehl Type 630 300 g
100 g Dinkelvollkornmehl 150 g
6,5 g Salz 10 g
1 TL Trockenhefe 1 ½ TL

Nach dem Signalton:
20 g Sesam 30 g
20 g Hirse 30 g

Tipp

Überbackenes Brot

Belegen Sie Brotscheiben mit
Sauerrahm, Speck, Schinken,
Zwiebel und Käse und überbacken Sie
diese im Ofen.

» **Mein Tipp:** Sie können die
Sauerteig-Zugabe auch weglassen,
dann wird das Brot milder im
Geschmack.

Das Malzbier-Roggenbrot erhält durch Zugabe von Malzbier einen urtümlichen Geschmack.

Roggenschrotbrot

Programm „Normal" oder „Vollkorn"

Für 500 g | Für 750 g

200 ml Wasser 300 ml
35 g Sauerteig 50 g
160 g Roggenschrot 250 g
130 g Weizenmehl Type 550 200 g
6,5 g Salz 10 g
5 g Zucker 7,5 g
1 TL Trockenhefe 1 ½ TL

Nach dem Signalton:
40 g Sonnenblumenkerne 60 g

» **Mein Tipp:** Roggenschrotbrot ist ein sehr rustikales Brot und daher ideal für herzhafte Gerichte.

Malzbier-Roggenbrot

Programm „Normal" oder „Vollkorn"

Für 500 g | Für 750 g

200 ml Malzbier 300 ml
15 g (1 ½ EL) Speiseöl 20 g (2 EL)
35 g Sauerteig 50 g
160 g Roggenvollkornmehl 250 g
130 g Weizenvollkornmehl 200 g
6,5 g Salz 10 g
10 g Honig 15 g
1 TL Trockenhefe 1 ½ TL

Apfelwein-Brot

Programm „Normal"
Für 500 g | Für 750 g

100 ml Wasser 160 ml
100 ml trockener Apfelwein (Cidre) 160 ml
130 g Weizenmehl Type 550 200 g
120 g Weizenvollkornmehl 150 g
120 g Roggenmehl Type 997 150 g
6,5 g Salz 10 g
1 TL Trockenhefe 1 ½ TL

» **Mein Tipp:** Hierzu passt roher Schinken oder Käse hervorragend.

Sechsgetreidebrot

Programm „Normal"
Für 500 g | Für 750 g

200 ml heißes Wasser (50 °C) 300 ml
30 g Roggenvollkornmehl 50 g
30 g Weizenvollkornmehl 50 g
30 g Dinkelvollkornmehl 50 g
30 g Hafervollkornmehl 50 g
30 g Grünkernmehl 50 g
30 g Sojamehl 50 g
Teig zubereiten und mindestens 12 Std. stehen lassen.

Programm „Normal"
70 ml Wasser 100 ml
230 g Weizenmehl Type 1050 350 g
6,5 g Salz 10 g
6,5 g Zucker 10 g
1 TL Trockenhefe 1 ½ TL

Nach dem Signalton:
10 g (1 EL) Kümmelsamen 15 g (1 ½ EL)

Kräuterbrot

Programm „Normal"

Vorbereitung:
Kräuter waschen und klein schneiden.

Für 500 g | Für 750 g

210 ml Wasser 320 ml
25 g Sauerteig 40 g
200 g Weizenmehl Type 1050 300 g
120 g Weizenmehl, geschrotet 150 g
½ TL Koriander 1 TL
6,5 g Kräutersalz 10 g
1 TL Trockenhefe 1 ½ TL

Nach dem Signalton:
1 TL Petersilie 1 ½ TL
1 TL Schnittlauch 1 ½ TL
1 TL Gartenkresse 1 ½ TL

» **Mein Tipp:** Verwenden Sie frische Gartenkräuter nach Saison und Ihrem Geschmack.

Das Kräuterbrot passt ausgezeichnet zu Suppen und Salaten.

Hanfbrot

Programm „Normal"
Für 500 g | Für 750 g

230 ml Wasser 350 ml
200 g Weizenmehl Type 550 300 g
130g Dinkelvollkornmehl 200 g
6,5 g Salz 10 g
1 TL Trockenhefe 1 ½ TL

Nach dem Signalton:
50 g geröstete Hanfsamen 80 g

Gemüsebrot

Programm „Normal"
Für 500 g | Für 750 g

210 ml Wasser 320 ml
20 g (2 EL) Olivenöl 30 g (3 EL)
200 g Weizenmehl Type 1050 300 g
130 g Weizenvollkornmehl 200 g
6,5 g Salz 10 g
1 TL Trockenhefe 1 ½ TL

Nach dem Signalton:
50 g klein geschnittene
Gemüsemischung 80 g

» **Mein Tipp:** Für die Gemüsemischung eignen sich Karotten, Lauch, Sellerie und Zucchini besonders gut.

Schinkenbrot

Programm „Normal"
Für 500 g | Für 750 g

190 ml Wasser 290 ml
200 g Weizenmehl Type 550 300 g
100 g Roggenmehl Type 997 150 g
6,5 g Salz 10 g
6,5 g Zucker 10 g
1 TL Trockenhefe 1 ½ TL
25 g Sauerteig 40 g

Nach dem Signalton:
70 g gewürfelter Schinkenspeck 100 g
10 g (1 ½ EL) fein geschnittener Thymian
15 g (2 EL)

» **Mein Tipp:** Fügen Sie dem Teig in Rotwein gedünstete Zwiebelwürfel zu.

Schinkenbrot mit frischem Stangensellerie – schmeckt auch lauwarm mit etwas Butter und Salz.

Gersten-Sauerteig-Brot

Programm „Normal"
Für 500 g | Für 750 g

230 ml Wasser 350 ml
140 g Weizenmehl Type 550 200 g
140 g Gerstenvollkornmehl 200 g
60 g Roggenmehl Typ 997 100 g
6,5 g Salz 10 g
6,5 g Bienenhonig 10 g
1 TL Trockenhefe 1 ½ TL
25 g Sauerteig 40 g
6,5 g gemahlener Fenchel 10 g

Peperonibrot

Programm „Normal"
Für 500 g | Für 750 g

210 ml Wasser 320 ml
20 g (2 EL) Olivenöl 30 g (3 EL)
200 g Weizenmehl Type 1050 300 g
130 g Weizenvollkornmehl 200 g
6,5 g Salz 10 g
1 TL Trockenhefe 1 ½ TL

Nach dem Signalton:
2 rote Peperoni, fein geschnitten 3
10 g getrocknete Petersilie 15 g

» **Mein Tipp:** Wenn Sie es besonders
scharf mögen, geben Sie noch Chilipulver oder Tabasco (Pfeffersoße)
zum Teig dazu.

Zucchinibrot

Programm „Normal"

Vorbereitung:
Zucchini grob reiben, mit 20 g Salz
bestreuen, mindestens 15 Min.
ziehen lassen.
Die Zucchini ausdrücken und das überschüssige Wasser abgießen.

Für 500 g | Für 750 g

200 ml Wasser 300 ml
10 g (1 EL) Essig 15 g (1 ½ EL)
130 g Weizenmehl Type 550 200 g
130 g Weizenvollkornmehl 200 g
30 g Roggenmehl Type 997 50 g
6,5 g Salz 10 g
6,5 g Honig 10 g
1 TL Trockenhefe 1 ½ TL

Nach dem Signalton:
100 g Zucchini 150 g

Frisch gebackenes, noch warmes
Brot schmeckt am besten mit etwas
Butter.

Vollkornbrote

Vollkornbrote bzw. ihre Mehle werden aus dem vollen Getreidekorn hergestellt.

Schrotvollkornbrot

Programm „Vollkorn"

Für 500 g | Für 750 g

225 ml Wasser 340 ml
35 g Sauerteig 50 g
120 g Roggen, grob geschrotet 150 g
120 g Weizen, grob geschrotet 150 g
60 g Weizenvollkornmehl 100 g
6,5 g Salz 10 g
10 g Honig 15 g
1 TL Trockenhefe 1 ½ TL

Vollkorn-Körnerbrot

Programm „Normal"

Für 500 g | Für 750 g

225 ml kochendes Wasser 335 ml
100 g Weizenkörner 150 g
in der Backform 6 Std. stehen lassen, danach
200 g Weizenvollkornmehl 300 g
60 g Roggenvollkornmehl 100 g
6,5 g Salz 10 g
1 TL Trockenhefe 1 ½ TL
25 g Sauerteig 40 g

Vollkorn-Mischbrot

Programm „Vollkorn"

Für 500 g | Für 750 g

225 ml Wasser 335 ml
25 g Sauerteig 40 g
100 g Roggenvollkornmehl 150 g
100 g Weizenvollkornmehl 150 g
75 g Haferkleie 110 g
6,5 g Salz 10 g
20 g Bienenhonig 30 g
½ TL Trockenhefe 1 TL

» **Mein Tipp:** Geben Sie noch 50 bis 70 g Sonnenblumenkerne oder Sesamsamen dazu.

Tipp

Herzhafte Variante

Wenn Sie es ganz körnig mögen, geben Sie noch 50 bis 70 g Körnermischung dazu. Die Beigabe von 1 TL gemahlenem Koriander macht das Brot würziger.

Durch Schrotzugabe erhält das Brot seinen typischen Charakter.

Tomatenvollkornbrot

Programm „Vollkorn"
Für 500 g | Für 750 g

100 ml Wasser 150 ml
100 ml Tomatensaft 150 ml
300 g Weizenvollkornmehl 450 g
6,5 g Salz 10 g
2 g Paprikapulver 2,5 g
¾ TL Trockenhefe 1 ½ TL
Nach dem Signalton:
50 g getrocknete Tomaten, grob gehackt 80 g

Partybrot

Tipp

Getrocknete Tomaten können
Sie auch selbst herstellen
(siehe S. 137).
Mit Pizzagewürz (Oregano, Basilikum)
wird dieses Brot ein Partyrenner!

Tomatenvollkornbrot ist ein tolles Partybrot.

Vierkörner-Vollkornbrot

Programm „Vollkorn"
Für 500 g | Für 750 g

20 g Sonnenblumenkerne 30 g
20 g Leinsamen 30 g
20 g Sesam 30 g
20 g kernige Haferflocken 30 g
100 g heißes Wasser 150 g
in die Backform geben und
2 Std. stehen lassen,
dann
120 ml Wasser 180 ml
25 g Sauerteig 40 g
230 g Weizenvollkornmehl 350 g
60 g Roggenvollkornmehl 100 g
6,5 g Salz 10 g
1 TL Trockenhefe 1 ½ TL

Vierkörner-Vollkornbrot, vollwertiger
und leckerer geht es wohl kaum.

Hafervollkornbrot

Programm „Vollkorn"
Für 500 g | Für 750 g

230 ml Wasser 350 ml
230 g Dinkelvollkornmehl 350g
30 g Hafermehl 50 g
6,5 g Salz 10 g
10 g Honig 15 g
1 TL Trockenhefe 1 ½ TL

Nach dem Signalton:
100 g kernige Haferflocken 150 g

Vollkorn-Nuss-Brot

Programm „Vollkorn
Für 500 g | Für 750 g

210 ml Wasser 320 ml
15 g (1 ½ EL) Walnussöl 20 g (2 EL)
300 g Dinkelvollkornmehl 500 g
6,5 g Salz 10 g
1 TL Trockenhefe 1 ½ TL

Nach dem Signalton:
25 g ungesalzene Erdnüsse 40 g
25 g gehackte Paranüsse 40 g

» **Mein Tipp:** Verwenden Sie statt Erd- und Paranüssen andere Nuss-sorten und mischen Sie diese nach Ihrem Geschmack.

Käse-Vollkornbrot

Programm „Vollkorn"
Für 500 g | Für 750 g

210 ml Wasser 320 ml
300 g Weizenvollkornmehl 450 g
10 g (1 EL) Sonnenblumenöl 15 g (1 ½ EL)
6,5 g Salz 10 g
1 TL Trockenhefe 1 ½ TL

Nach dem Signalton:
30 g grob gehackter Halbhartkäse (z. B. Edamer, Tilsiter) 50 g

» **Mein Tipp:** Streuen Sie vor dem Backen etwas geriebenen Käse auf die Brotoberfläche.

Kleievollkornbrot

Programm „Vollkorn"
Für 500 g | Für 750 g

200 ml heißes Wasser 300 ml
30 g Leinsamen 50 g
30 g Kleie 50 g
in die Backform geben und mindestens 2 Std. stehen lassen, dann
35 g Sauerteig 50 g
150 g Dinkelvollkornmehl 225 g
100 g Roggenvollkornmehl 150 g
6,5 g Salz 10 g
10 g Blütenhonig 15 g
1 TL Trockenhefe 1 ½ TL

Sonnenblumen-Vollkornbrot

Programm „Vollkorn"
Für 500 g | Für 750 g

200 ml Wasser 300 ml
20 g (2 EL) Sonnenblumenöl 30 g (3 EL)
300 g Weizenvollkornmehl 450 g
6,5 g Salz 10 g
10 g Honig 15 g
1 TL Trockenhefe 1 ½ TL

Nach dem Signalton:
60 g in einer Pfanne geröstete Sonnenblumen-kerne 90 g

» **Mein Tipp:** Streuen Sie Sonnen-blumenkerne vor dem Backen auf den Teig.

Sonnenblumen-Vollkornbrot ist ein Klassiker, der immer schmeckt.

Anisvollkornbrot

Programm „Vollkorn"

Für 500 g | Für 750 g

230 ml Wasser 350 ml
1 TL Ahornsirup 1 ½ TL
300 g Weizenvollkornmehl 450 g
6,5 g Salz 10 g
1 TL Trockenhefe 1 ½ TL
25 g Sauerteig 40 g

Nach dem Signalton:
1 TL Anissamen 1 ½ TL

Maisgrießvollkornbrot

Programm „Vollkorn"

Für 500 g | Für 750 g

230 ml Wasser 350 ml
200 g Weizenvollkornmehl 300 g
100 g Maisgrieß 150 g
6,5 g Salz 10 g
1 TL Trockenhefe 1 ½ TL

Nach dem Signalton:
1 EL getrockneter Estragon,
fein geschnitten 1 ½ EL
1 EL getrockneter Basilikum,
fein geschnitten 1 ½ EL

Sojavollkornbrot

Programm „Vollkorn"

Für 500 g | Für 750 g

200 ml Wasser 300 ml
10 g (1 EL) Sojaöl 15 g (1 ½ EL)
160 g Weizenvollkornmehl 250 g
160 g Sojamehl 250 g
6,5 g Salz 10 g
1 TL Trockenhefe 1 ½ TL

» **Mein Tipp:** Sie können das Brot mit einem verquirlten Ei bestreichen und mit Sojamehl bestreuen.

Hirsevollkornbrot

Programm „Vollkorn"

Vorbereitung:
Hirse und Leinsamen ca. 10 Std. in 80 bzw. 100 ml heißem Wasser einweichen.

Für 500 g | Für 750 g

100 ml Wasser 200 ml
300 g Weizenvollkornmehl 450 g
6,5 g Salz 10 g
1 TL Trockenhefe 1 ½ TL

Nach dem Signalton:
3 EL eingeweichte Hirse 4 EL
1 EL eingeweichter Leinsamen 2 EL

Kürbiskern-Vollkornbrot

Programm „Vollkorn"
Für 500 g | Für 750 g

240 ml Wasser 300 ml
10 g (1 EL) Kürbiskernöl 15 g (1 ½ EL)
300 g Weizenvollkornmehl 450 g
6,5 g Salz 10 g
10 g Waldhonig 15 g
1 TL Trockenhefe 1 ½ TL

Nach dem Signalton:
40 g Kürbiskerne 60 g

» **Mein Tipp:** Benässen Sie die
Brotoberfläche nach dem letzten
Kneten mit Wasser und streuen
Sie Kürbiskerne auf.

Koriander-Vollkornbrot

Programm „Vollkorn"
Für 500 g | Für 750 g

210 ml Wasser 300 ml
10 g (1 EL) Sonnenblumenöl 15 g (1 ½ EL)
200 g Dinkelvollkornmehl 300 g
130 g Weizenmehl Type 550 200 g
6,5 g Salz 10 g
6,5 g Zucker 10 g
1 TL Trockenhefe 1 ½ TL
10 g gemahlener Koriander 15 g

» **Mein Tipp:** Verwenden Sie statt
der Koriandersamen frischen, grob
gehackten Koriander.

Kürbiskern-Vollkornbrot mit
knackigen Kürbiskernen und
leckerem Waldhonig.

Knoblauch-Vollkornbrot

Programm „Vollkorn"

Für 500 g | Für 750 g

190 ml Wasser 270 ml
30 g (3 EL) Knoblauchöl 50 g (5 EL)
200 g Weizenvollkornmehl 300 g
130 g Weizenmehl Type 550 200 g
6,5 g Knoblauchsalz 10 g
6,5 g Akazienhonig 10 g
1 TL Trockenhefe 1 ½ TL

Nach dem Signalton:
2 grob gehackte Knoblauchzehen 3
2 EL geriebener Parmesan 3 EL
1 EL getrockneter Basilikum 1 ½ EL

Vollkorn-Malz-Brot

Programm „Vollkorn"

Für 500 g | Für 750 g

150 ml Wasser 230 ml
230 g Weizenvollkornmehl 350 g
60 g Roggenmehl Type 997 100 g
65 g Gerstenmalz 100 g
10 g Zuckerrübensirup 15 g
6,5 g Salz 10 g
1 TL Trockenhefe 1 ½ TL
25 g Sauerteig 40 g

Nach dem Signalton:
50 g Sonnenblumenkerne 80 g

Vollkorn-Zwiebel-Brot

Programm „Vollkorn"

Für 500 g | Für 750 g

200 ml Wasser 300 ml
10 g (1EL) Sonnenblumenöl 15 g (1 ½ EL)
200 g Weizenvollkornmehl 250 g
100 g Dinkelvollkornmehl 200 g
6,5 g Salz 10 g
3 g Zucker 5 g
1 TL Trockenhefe 1 ½ TL

Nach dem Signalton:
80 g Röstzwiebeln 120 g

» **Mein Tipp:** Geben Sie dem Teig noch 50 bis 100 g Speckwürfel dazu.

Vollkorn-Gewürz-Brot

Programm „Vollkorn"

Vorbereitung:
Weizenschrot mindestens 10 Std. in heißem Wasser einweichen.

Für 500 g | Für 750 g

60 ml Wasser 90 ml
80 g Weizenschrot 90 ml
einweichen, dann
150 ml Wasser 220 ml
30 ml Weinessig 50 ml
100 g Dinkelvollkornmehl 150 g
100 g Weizenvollkornmehl 150 g
6,5 g Salz 10 g
6,5 g Honig 10 g
1 TL Trockenhefe 1 ½ TL
1 EL Brotgewürz (Kardamon, Fenchel, Kümmel) 1 ½ EL

Vollkorn-Kürbisbrot

Programm „Vollkorn"

Vorbereitung:
Von 1 Kürbis (ca. 800 g) die Schale großzügig abschneiden, Kerne entfernen und das Fruchtfleisch in kleine Würfel schneiden.
Knapp mit Wasser bedeckt 20 Min. weich kochen.
Mit dem Mixer zu Kürbismus pürieren, dabei mit 1 Prise Zimt, Salz und Pfeffer und etwas Sahne abschmecken.

Für 500 g | Für 750 g

65 ml Wasser 100 ml
20 g (2 EL) Kürbiskernöl 30 g (3 EL)
130 g Kürbismus 200 g
300 g Weizenvollkornmehl 450 g
6,5 g Salz 10 g
1 TL Trockenhefe 1 ½ TL

Nach dem Signalton:
60 g geröstete Sesamsamen 100 g

» **Mein Tipp:** Fügen Sie noch 50 bis 100 g Kürbiswürfel oder Kürbiskerne dazu.

Vollkorn-Haferkleiebrot

Programm „Vollkorn"
Für 500 g | Für 750 g

220 ml Wasser 330 ml
140 g Roggenvollkornmehl 220 g
80 g Haferkleie 120 g
60 g Weizenmehl Type 1050 80 g
6,5 g Salz 10 g
6,5 g brauner Zucker 10 g
1 TL Trockenhefe 1 ½ TL
20 g (2 EL) Sauerteig 30 g (3 EL)

Vollkorn-Schwarzbrot

Programm „Vollkorn"
Für 500 g | Für 750 g

60 ml Wasser 100 ml
150 ml Buttermilch 220 ml
10 g (1 EL) Sonnenblumenöl 15 g (1 ½ EL)
25 g (2 ½ EL) Zuckerrübensirup 40 g (4 EL)
20 g (2 EL) Malz 30 g (3 EL)
20 g (2 EL) Sauerteig 30 g (3 EL)
170 g Weizenvollkornmehl 250 g
80 g Roggenvollkornmehl 120 g
6,5 g Salz 10 g
1 TL Trockenhefe 1 ½ TL
1 TL Brotgewürze (Anissamen, Koriander, Kümmel) 1 ½ TL

Oliven-Vollkornbrot

Programm „Vollkorn"
Für 500 g | Für 750 g

210 ml Wasser 320 ml
30 ml (3EL) Olivenöl 50 ml (5EL)
330 g Weizenvollkornmehl 500 g
6,5 g Salz 10 g
1 TL Trockenhefe 1 ½ TL

Nach dem Signalton:
130 g grob gehackte, entsteinte Oliven 200 g

» **Mein Tipp:** Verwenden Sie grüne und schwarze Oliven gemischt.

Karottenbrot mit Backferment

Programm „Vollkorn"
Für 500 g | Für 750 g

120 ml Wasser 175 ml
5 g Grundansatz 7,5 g
2 g Backferment 3 g
100 g Weizenvollkornmehl 150 g
10 Min. mit „Teig" kneten und 12 Std.
stehen lassen, dann
90 ml Wasser (35 °C) 130 ml
200 g Weizenvollkornmehl 150 g
6,5 g Salz 10 g
auf den Ansatz geben.
Dann erst „Start" drücken.

Nach dem Signalton:
3/4 grob geraspelte Karotte (ca. 60 g)
1 grob geraspelte Karotte (ca. 100 g)

» **Mein Tipp:** Verfeinern Sie das Brot
mit 1 Msp. gemahlenem Zimt.

Weizenmischbrot mit Backferment

Programm „Vollkorn"
Für 500 g | Für 750 g

100 ml Wasser 150 ml
5 g Grundansatz 7,5 g
3,5 g Backferment 5 g
50 g Roggenvollkornmehl 75 g
50 g Weizenvollkornmehl 75 g
10 Min. mit „Teig" kneten und 12 Std.
stehen lassen, dann
130 ml Wasser (35°C) 200 ml
130 g Weizenvollkornmehl 200 g
80 g Roggenvollkornmehl 125 g
6,5 g Salz 10 g
auf den Ansatz geben.
Dann erst „Start" drücken.

Dinkelschrotbrot mit Backferment

Programm „Vollkorn"

Für 500 g | Für 750 g

100 ml Wasser 150 ml
5 g Grundansatz 7,5 g
3,5 g Backferment 5 g
50 g Dinkelvollkornmehl 75 g
50 g Dinkelschrot 75 g
10 Min. mit „Teig" kneten, dann
130 ml Wasser (35°C) 200 ml
200 g Dinkelvollkornmehl 300 g
6,5 g Salz 10 g
auf den Ansatz geben. Den Teig mind. 12 Std. ruhen lassen. Dann erst „Start" drücken.

Backpulver-Weizenvollkornbrot

Programm „Teig"

Für 500 g | Für 750 g

220 ml Wasser 330 ml
10 g (1 EL) Sonnenblumenöl 15 g (1 ½ EL)
300 g Weizenvollkornmehl 500 g
6,5 g Salz 10 g
15 g Backpulver 20 g

Backpulver-Dinkelvollkornbrot

Programm „Teig"

Für 500 g | Für 750 g

80 ml Wasser 125 ml
100 ml Vollmilch 150 ml
20 g gesalzene Butter 30 g
300 g Dinkelvollkornmehl 500 g
5 g Salz 7,5 g
15 g Backpulver 20 g

Vollkornbrote mit Backpulver

Brote mit Backpulver brauchen keine Ruhezeit. Nach dem Kneten des Teigs das Brotback-automatenprogramm sofort auf „Backen" stellen oder den Teig in eine Kastenform füllen und im vorgeheizten Ofen bei 220 °C ca. 30 bis 40 Min. goldgelb backen.

Das Karottenbrot mit Backferment ist mit Zimt verfeinert.

Milchbrote

Brot und Milch zusammen sind im Speiseplan eine unschlagbare Nährstoffkombination.

Dinkel-Buttermilch-Brot

Programm „Normal"

Vorbereitung:
Sesamsaat und Leinsamen ca. 1 Std. in 50 ml warmem Wasser einweichen.

Für 500 g | Für 750 g

200 ml Buttermilch 300 ml
330 g Dinkelmehl Type 630 500 g
6,5 g Salz 10 g
½ TL Koriander gemahlen 1 TL
1 TL Trockenhefe 1 ½ TL

Nach dem Signalton:
50 g Sesam-Leinsamen-Mix 80 g

» **Mein Tipp:** Statt Leinsamen können Sie auch ganze Getreidekörner verwenden.

Weizenmischbrot

Programm „Normal"
Für 500 g | Für 750 g

75 ml Magermilch-Jogurt 100 ml
100 ml Wasser 200 ml
15 g Butter 20 g
160 g Weizenmehl Type 550 250 g
50 g Weizenmehl Type 1050 100 g
75 g Roggenmehl Type 997 100 g
6,5 g Salz 10 g
5 g Zucker 7,5 g
1 TL Trockenhefe 1 ½ TL

Tipp

Laktoseintoleranz

Sie können die Milchprodukte durch Wasser und laktosereduzierte Milchprodukte austauschen. Benutzen Sie zusätzlich Sauerteig als Lockerungsmittel, wenn für das entsprechende Brot Roggenmehl verwendet wird.

Leinsamenbrot

Programm „Normal"

Vorbereitung:
Leinsamen in 150 ml (500 g-Brot) bzw. 200 ml (750 g-Brot) heißem Wasser ca. 30 Min. einweichen.

Für 500 g | Für 750 g

60 g Vollmilch 100 g
150 g Weizenmehl Type 550 225 g
150 g Weizenmehl Type 1050 225 g
6,5 g Salz 10 g
1 TL Trockenhefe 1 ½ TL

Nach dem Signalton:
50 g eingeweichte Leinsamen 80 g

Weizenmischbrot mit Butter und Schinken – eine tolle Kombination!

Sesambrot

Programm „Normal"
Für 500 g | Für 750 g

100 ml Wasser 150 ml
100 ml Buttermilch 150 ml
20 g (2 EL) Sesamöl 30 g (3 EL)
160 g Weizenmehl Type 550 250 g
130 g Roggenmehl Type 1150 200 g
6,5 g Salz 10 g
5 g Zucker 7,5 g
1 TL Trockenhefe 1 ½ TL

Nach dem Signalton:
50 g Sesamsamen 80 g

Verfeinerung

Rösten Sie die Sesamsamen mit etwas Sesamöl in einer Pfanne an.

Sesambrot: Sesam ist vermutlich eine der ältesten Ölpflanzen der Welt.

Molkebrot

Für 500 g | Für 750 g

200 ml Sauermolke 300 ml
25 g Sauerrahmbutter 40 g
220 g Weizenmehl Type 550 330 g
100 g Weizenmehl Type 405 150 g
6,5 g Salz 10 g
5 g Zucker 7,5 g
1 TL Trockenhefe 1 ½ TL

Hüttenkäsebrot

Programm „Normal"
Für 500 g | Für 750 g

100 ml Wasser 150 ml
60 ml Buttermilch 100 ml
60 g Hüttenkäse 100 g
130 g Weizenmehl Type 1050 200 g
100 g Roggenmehl Type 997 150 g
60 g Maismehl 100 g
6,5 g Salz 10 g
1 TL Trockenhefe 1 ½ TL

Nach dem Signalton:
20 g grob gehackte Haselnüsse 30 g

Mein Tipp: Ersetzten Sie die Haselnüsse durch 2 EL Kümmelsamen.

Quarkbrot

Programm „Normal"
Für 500 g | Für 750 g

100 ml Milch 150 ml
10 g (1 EL) Sonneblumenöl 15 g (1 ½ EL)
150 g Speisequark (40%) 200 g
300 g Weizenmehl Type 550 450 g
6,5 g Salz 10 g
5 g Zucker 7,5 g
1 TL Trockenhefe 1 ½ TL

Tipp

Kinder-Lieblingsbrot

Das Quarkbrot ist ein sehr mildes Brot und daher besonders für süße Aufstriche geeignet.

Jogurtbrot

Programm „Normal"
Für 500 g | Für 750 g

100 ml Wasser 150 ml
100 ml Naturjogurt 150 ml
160 g Weizenvollkornmehl 250g
130 g Weizenmehl Type 550 200 g
6,5 g Salz 10 g
5 g Zucker 7,5 g
1 TL Trockenhefe 1 ½ TL

Buttermilchbrot

Programm „Normal"
Für 500 g | Für 750 g

130 ml Buttermilch 200 ml
100 ml Wasser 150 ml
330 g Weizenmehl Type 550 500 g
6,5 g Salz 10 g
1 TL Trockenhefe 1 ½ TL

Quark-Nuss-Brot

Programm „Normal"
Für 500 g | Für 750 g

130 g Wasser 200 g
60 ml Magerquark 100 ml
25 g (2 ½ EL) Walnussöl 40 g (4 EL)
300 g Weizenmehl Type 550 450 g
5 g Zucker 7,5 g
6,5 g Salz 10 g
1 TL Trockenhefe 1 ½ TL

Nach dem Signalton:
50 g klein gehackte Hasselnusskerne
80 g

Tipp

LeckerEi

Eine weitere leckere Variante dieses Brotes erhalten Sie, wenn Sie zwei grob gehackte, hart gekochte Eier unter den Teig mischen.

>> **Mein Tipp:** Anstelle von Haselnüssen können Sie auch Walnüsse, Erdnüsse oder Pinienkerne verwenden.

Mit etwas Butter und der Lieblingskonfitüre schmeckt das selbst gebackene Brot besonders lecker.

Griechisches Bauernbrot

Programm „Normal"
Für 500 g | Für 750 g

160 ml Jogurt 250 ml
35 g (3 ½ EL) Olivenöl 50 ml (5 EL)
330 g Weizenmehl Type 550 500 g
6,5 g Salz 10 g
1 TL Trockenhefe 1 ½ TL

Nach dem Signalton:
1 frische Knoblauchzehe, fein gehackt
¾ TL Brotgewürz (Anis, Koriander,
Kümmel, Fenchel) 1 TL

Tipp

Fladenbrot

Backen Sie aus diesem Teig ein
Fladenbrot (ca. 15 Min. bei 220 °C
im vorgeheizten Ofen). Rezepte für
Fladenbrot-Varianten finden Sie auf
den Seiten 108-110

Rosenblütenbrot

Programm „Normal"

Vorbereitung:
Die Rosenblüten waschen und mit Jogurt und Rosenblütenwasser mischen.

Für 500 g | Für 750 g

140 ml Wasser 210 ml
70 g Naturjogurt 100 g
3-4 Tropfen Rosenblütenwasser
5 Tropfen
35 g Rosenblüten 50 g
20 g (2 EL) Sauerteig 30 g (3 EL)
200 g Weizenmehl Type 550 300 g
130 g Weizenvollkornmehl 200 g
6,5 g Salz 10 g
15 g Blütenhonig 20 g
1 TL Trockenhefe 1 ½ TL

» **Mein Tipp:** Das Brot passt am besten zu Käse oder Rohkost.

Käsebrot

Programm „Normal"
Für 500 g | Für 750 g

300 g Kefir 400 g
200 g Vollkorndinkelmehl 300 g
100 g Weizenmehl Type 550 150 g
6,5 g Salz 10 g
1 TL Trockenhefe 1 ½TL
1 Prise Paprikapulver

Nach dem Signalton:
40 g gewürfelter Gouda 60 g

» **Mein Tipp:** Sie können auch andere Käsesorten verwenden, z. B. Bergkäse oder Parmesan.

Kürbiskernbrot

Programm „Normal"
Für 500 g | Für 750 g

60 ml Magermilch-Jogurt 100 ml
140 ml Wasser 200 ml
10 g (1EL) Kürbiskernöl 15 g (1 ½ EL)
300 g Weizenmehl Type 550 350 g
65 g Roggenmehl Type 997 100 g
1 TL Trockenhefe 1 ½ TL
6,5 g Salz 10 g
5 g Zucker 7,5 g

Nach dem Signalton:
35 g Kürbiskerne 50 g

Griechisches Bauernbrot zu Zaziki oder mit Tomaten belegt – ein Traum!

Champignonbrot

Programm „Normal"

Vorbereitung:
Champignons in Scheiben schneiden,
in Butter andünsten, würzen und mit
Weißwein ablöschen, leicht
einkochen lassen.

Für 500 g | Für 750 g

150 ml Buttermilch 200 ml
90 ml Wasser 140 ml
330 g Weizenmehl Type 550 500 g
6,5 g Salz 10 g
1 TL Trockenhefe 1 ½ TL

Nach dem Signalton:
70 g Champignons 100 g
15 g Butter 20 g
30 ml Weißwein 50 ml

Spargelbrot

Programm „Normal"
Für 500 g | Für 750 g

150 ml Buttermilch 220 ml
70 ml Wasser 110 ml
10 g (1 EL) Essig 15 g (1 ½ EL)
200 g Weizenmehl Type 550 300 g
100 g Roggenmehl Type 997 150 g
6,5 g Salz 10 g
1 TL Trockenhefe 1 ½ TL

Nach dem Signalton:
70 g grüner Spargel, roh,
fein geschnitten 100 g
20 g geröstete Sesamsamen 30 g

»

Mein Tipp: Belegen Sie die Brotscheiben mit gekochtem Schinken.

Schmandbrot

Programm „Normal" oder „Weißbrot"
Für 500 g | Für 750 g

150 ml Wasser 220 ml
60 ml Schmand 100 ml
300 g Weizenmehl Type 1050 450 g
6,5 g Salz 10 g
1 TL Trockenhefe 1 ½ TL
½ TL Koriander ¾ TL

Hirsebrot

Programm „Normal"

Vorbereitung:
Das kochende Wasser über die Hirse
gießen und mischen. Abkühlen lassen.

Für 500 g | Für 750 g

80 ml Vollmilch 120 ml
20 g (2 EL) Sonnenblumenöl 30 g (3 EL)
300 g Weizenmehl Type 550 450 g
6,5 g Salz 10 g
5 g Zucker 7,5 g
1 TL Trockenhefe 1 ½ TL

Nach dem Signalton:
60 g Hirse (130 ml Wasser)
100 g Hirse (200 ml Wasser)

Champignonbrot ist mit in Weißwein angedünsteten Champignons
eine besondere Köstlichkeit.

Weizenlandbrot

Programm „Weißbrot"

Für 500 g | Für 750 g

130 ml Wasser 200 ml
60 ml Buttermilch 100 ml
20 g Sauerteig 30 g
230 g Weizenmehl Type 1050 350 g
60 g Roggenvollkornmehl 100 g
6,5 g Salz 10 g
1 TL Trockenhefe 1 ½ TL

Dreikörnerbrot

Programm „Normal"

Für 500 g | Für 750 g

130 ml Buttermilch 200 ml
60 ml Wasser 100 ml
20 g (2 EL) Sauerteig 30 g (3 EL)
200 g Weizenmehl Type 550 300 g
130 g Roggenmehl Type 997 200 g
6,5 g Salz 10 g
6,5 g Honig 10 g
1 TL Trockenhefe 1 ½ TL

Nach dem Signalton:
25 g Sonnenblumenkerne 40 g
25 g Sesamsamen 40 g
25 g Kürbiskerne 40 g

Röstzwiebelbrot

Programm „Normal"

Für 500 g | Für 750 g

100 ml Wasser 150 ml
100 ml Buttermilch 150 ml
10 g (1EL) Olivenöl 15 g (1 ½ EL)
200 g Weizenmehl Type 1050 300 g
100 g Roggenmehl Type 997 150 g
6,5 g Salz 10 g
1 TL Trockenhefe 1 ½ TL

Nach dem Signalton:
65 g Röstzwiebel 100 g

Variante mit Zwiebeln

Tipp

Nehmen Sie frische Zwiebelwürfel
und rösten Sie diese in 1 EL Olivenöl
goldgelb. Zwiebeln vor der Zugabe in den Automaten auf Zimmertemperatur abkühlen lassen.

Röstzwiebelbrot ist ein herz-
haftes Brot, das mit Wurst oder
Käse lecker schmeckt.

Kichererbsenbrot

Programm „Normal"

Vorbereitung:
Die Kichererbsen 12 Std. im Wasser
quellen lassen. Das überschüssige
Wasser abschütten.

Für 500 g | Für 750 g

60 ml Wasser 100 ml
100 ml Naturjogurt 150 ml
20 g (2 EL) Sonnenblumenöl 30 g (3 EL)
160 g Weizenmehl Type 550 250g
130 g Weizenvollkornmehl 200 g
6,5 g Salz 10 g
5 g Zucker 7,5 g
5 g Currypulver 7,5 g
1 TL Trockenhefe 1 ½ TL

Nach dem Signalton:
50 g gequollene Kichererbsen 80 g

Gorgonzolabrot

Programm „Normal"

Für 500 g | Für 750 g

100 ml Wasser 150 ml
100 ml Vollmilch 150 ml
330 g Weizenmehl Type 1050 500 g
6,5 g Salz 10 g
1 TL Trockenhefe 1 ½ TL

Nach dem Signalton:
120 g Gorgonzola 150 g

» **Mein Tipp:** Geben Sie dem Teig
noch Gewürze nach Geschmack
hinzu. Bestreichen Sie dieses Brot
mit Honig oder Erdbeerkonfitüre –
es schmeckt köstlich!

Orangen-Schinkenbrot

Programm „Normal"

Für 500 g | Für 750 g

60 ml Wasser 100 ml
110 ml Buttermilch 190 ml
30 ml Orangensaft 45 ml
200 g Weizenmehl Type 550 300 g
100 g Roggenmehl Type 997 150 g
6,5 g Salz 10 g
10 g Orangenhonig 15 g
1 TL Trockenhefe 1 ½ TL

Nach dem Signalton:
100 g Schinkenwürfel 150 g

Rosinen-Nuss-Brot

Programm „Normal"

Vorbereitung:
Schalotten in Scheiben schneiden
und mit grob gehackten Haselnüssen
in einer Pfanne anrösten.

Für 500 g | Für 750 g

100 ml Wasser 150 ml
15 g (1 ½ EL) Speiseöl 20 g (2 EL)
130 g Speisequark 200 g
150 g Weizenmehl Type 550 225 g
150 g Weizenmehl Type 1050 225 g
6,5 g Salz 10 g
10 g Honig 15 g
1 TL Trockenhefe 1 ½ TL

Nach dem Signalton:
50 g Rosinen 80 g
50 g grob gehackte Haselnüsse 80 g
50 g Schalotten in Scheiben 80 g

Tipp

Lust auf Schinken?

Variieren Sie dieses Rezept mit
verschiedenen Schinkensorten.
Nehmen Sie z. B. auch Speck, Bacon,
Gyrosschinken, Nussschinken usw.

Rosinen-Nuss-Brot ist eine perfekte
Kombination und schmeckt
besonders gut zu allen Käsesorten.

Schmalzbrot

Programm „Weißbrot"

Für 500 g | Für 750 g

130 ml Wasser 200 ml
30 ml saure Sahne 50 ml
30 g Schweineschmalz 50 g
20 g Sauerteig 30 g
230 g Weizenmehl Type 1050 350 g
60 g Roggenvollkornmehl 100 g
6,5 g Salz 10 g
1 TL Trockenhefe 1 ½ TL

Nach dem Signalton:
1 ½ EL Kümmelsamen 2 EL
50 g gewürfelter Speck 80 g

Brennnesselbrot

Programm „Normal"

Vorbereitung:
Brennnesseln blanchieren, im Eiswasser
abschrecken, das überschüssige Wasser
gut ausdrücken.
Die Brennnesseln mit Olivenöl
und einer Prise Salz im Mixer zu einer
Creme verarbeiten.

Für 500 g | Für 750 g

100 ml Wasser 150 ml
70 ml Buttermilch 100 ml
300 g Weizenmehl Type 1050 450 g
6,5 g Salz 10 g
1 TL Trockenhefe 1 ½ TL

Nach dem Signalton:
170 g Brennnesselcreme (140 g Brennnesseln, 30 g Olivenöl, 1 Prise Salz)
250 g Brennnesselcreme
(200 g Brennnesseln, 50 g Olivenöl,
1 Prise Salz)

» **Mein Tipp:** Brennnesselbrot passt
hervorragend zu Fischgerichten.

Mühlenbrot

Programm „Normal" oder „Weißbrot"

Für 500 g | Für 750 g

50 ml Wasser 75 ml
120 ml Vollmilch 180 ml
50 g Magermilch-Jogurt 75 g
1 El Brandweinessig 1 ½ El
60 g Roggenmehl Type 997 100 g
30 g Roggenvollkornschrot 50 g
160 g Weizenmehl Type 405 250 g
60 g Dinkelvollkornmehl 100 g
6,5 g Salz 10 g
1 ½ EL Rübensirup 2 EL
1 TL Trockenhefe 1 ½ TL

Nach dem Signalton:
20 g Sesamsamen 30 g
20 g Leinsamen 30 g
30 g kernige Haferflocken 40 g

» **Mein Tipp:** Streuen Sie vor dem
Backen 2 EL von der Körnermischung oder Roggenschrot auf
den Teig.

Mühlenbrot mit hochwertigen
Getreide- und Körnersorten.

Süße Brote

Süße Brote sind für das Frühstück, für die Kaffeetafel oder einfach zwischendurch eine echte Bereicherung.

Krokantbrot

Programm „Normal"
Für 500 g | Für 750 g

60 ml Vollmilch 100 ml
100 g Magerquark 150 g
30 ml (3 EL) Nussöl 50 ml (5 EL)
260 g Weizenmehl Type 550 400 g
5 g Salz 7,5 g
25 g Zucker 40 g
1 TL Trockenhefe 1 ½ TL

Nach dem Signalton:
60 g Krokant 100 g

» **Mein Tipp:** Bestreuen Sie den Teig nach dem Kneten mit 2 EL Krokant. Schoko- oder Nußaufstrich passt besonders gut zum Krokantbrot.

Amarettobrot

Programm „Normal"
Für 500 g | Für 750 g

150 ml Vollmilch 220 ml
50 ml Amaretto (Mandellikör) 75 ml
25 g Butter 40 g
330 g Weizenmehl Type 405 500 g
10 g Zucker 15 g
5 g Salz 7,5 g
1 TL Trockenhefe 1 ½ TL

Nach dem Signalton:
50 g Mandelblätter 75 g

Früchtebrot

Programm „Normal" oder „Weißbrot"

Vorbereitung:
50 g kandierte Kirschen,
50 g Zitronat und Orangeat,
100 g Sultaninen sowie
50 g Mandelblätter zusammen
mischen.

Für 500 g | Für 750 g

160 ml Vollmilch 250 ml
15 g (1 ½ EL) brauner Rum 20 g (2 EL)
40 g Butter 60 g
1 Ei (Größe M | L)
330 g Weizenmehl Type 550 500 g
5 g Salz 7,5 g
30 g Zucker 40 g
1 TL Trockenhefe 1 ½ TL

Nach dem Signalton:
150 g klein geschnittene Trockenfrüchte
250 g

» **Mein Tipp:** Verwenden Sie Trockenfrüchte nach Ihrem Geschmack, z. B. Aprikosen, Pflaumen, Feigen usw.

Ein traditionelles Früchtebrot sollten Sie nicht nur zur Weihnachtszeit essen.

Erdnuss-Schoko-Brot

Programm „Normal"
Für 500 g | Für 750 g

100 ml Wasser 150 ml
60 ml Vollmilch 100 ml
200 g Weizenmehl Type 550 300 g
100 g Weizenmehl Type 405 150 g
30 g ungesalzene Erdnüsse,
gemahlen 50 g
30 g Erdnussbutter 50 g
1 Ei (Größe L) 2 Eier (Größe M)
5 g Salz 7,5 g
20 g Zucker 30 g
1 TL Trockenhefe 1 ½ TL

Nach dem Signalton:
1 EL Kakao 1 ½ EL
30 g grob gehackte Schokolade (Vollmilch oder Zartbitter) 50 g
30 g ungesalzene Erdnüsse,
grob gehackt 50 g

Ein köstliches Erdnuss-Schoko-
Brot mit Honig – eine besondere
Leckerei.

Schoko-Aprikosen-Brot

Programm „Normal"
Für 500 g | Für 750 g

160 ml Vollmilch 250 ml
300 g Weizenmehl Type 550 450 g
30 g Butter 50 g
3 EL Kakao 4 EL
5 g Salz 7,5 g
20 g Zucker 30 g
1 TL Trockenhefe 1 ½ TL

Nach dem Signalton:
80 g getrocknete Aprikosen,
grob gehackt 120 g

Müslibrot

Programm „Normal"
Für 500 g | Für 750 g

160 ml Wasser 270 ml
270 g Weizenmehl Type 550 400 g
5 g Salz 7,5 g
15 g Zucker 20 g
1 TL Trockenhefe 1 ½ TL

Nach dem Signalton:
100 g Früchtemüsli ohne Zucker 150 g

Pflaumenbrot

Programm „Normal"
Für 500 g | Für 750 g

160 ml Vollmilch 250 ml
15 g Honig 20 g
15 g Butter 20 g
160 g Weizenvollkornmehl 250 g
130 g Weizenmehl Type 550 200 g
1 TL gemahlener Zimt 1 ½ TL
20 g Zucker 30 g
5 g Salz 7,5 g
1 TL Trockenhefe 1 ½ TL

Nach dem Signalton:
100 g grob gehackte Back-
pflaumen 150 g
60 g Mandelstifte 100 g

Müslimix

Tipp

Variieren Sie das Früchtemüsli, indem
Sie Nüsse, verschiedene Trockenfrüchte
und andere Flockenarten beimischen.

Marzipan-Aprikosen-Brot

Programm „Normal"
Für 500 g | 750 g

100 ml Vollmilch 150 ml
60 ml Wasser 100 ml
1 Ei 1
40 g Butter 60 g
330 g Weizenmehl Type 550 500 g
20 g Zucker 30 g
5 g Salz 7,5 g
1 TL Trockenhefe 1 ½ TL

Nach dem Signalton:
60 g Marzipanrohmasse 100 g
80 g getrocknete Aprikosen,
grob gehackt 120 g

Bananenbrot

Programm „Normal"

Vorbereitung:
Zerdrücken Sie die Banane mit einer Gabel zu Mus.

Für 500 g | Für 750 g

130 ml Bananenmilch 200 ml
60 ml Wasser 100 ml
2 (20 g) Zwieback zerbröselt 3 (30 g)
50 g Banane, zerdrückt 75 g
15 g Honig 20 g
15 g Butter 20 g
230 g Weizenmehl Type 550 350 g
60 g Weizenmehl Type 405 100 g
5 g Salz 7,5 g
20 g Zucker 30 g
1 TL Trockenhefe 1 ½ TL

Feigenbrot

Programm „Normal"
Für 500 g | Für 750 g

100 ml Wasser 150 ml
100 ml naturtrüber Apfelsaft 150 ml
300 g Weizenmehl Type 550 450 g
15 g Zucker 20 g
5 g Salz 7,5 g
1 TL Trockenhefe 1 ½ TL

Nach dem Signalton:
30 g frische Feigen, gewürfelt 50 g
15 g gehackte Pistazien 20 g

Tipp

Einfach selber machen

Bananenmilch können Sie zwar fertig kaufen, aber auch ganz leicht selbst herstellen. Dafür einfach 200 ml Vollmilch und 3 reife Bananen mit 1 EL Zucker oder Honig im Mixer verrühren.

>>

Mein Tipp: Statt frischen Feigen können Sie auch getrocknete Feigen verwenden. Dieses Brot passt perfekt zu allen Käsesorten.

Kokosbrot mit Butter, Ananasgelee oder Schokocreme bestrichen ist ein karibischer Genuss.

Kokosbrot

Programm „Normal" oder „Weißbrot"
Für 500 g | Für 750 g

65 ml Kokosmilch 100 ml
65 ml Vollmilch 100 ml
260 g Weizenmehl Type 405 400 g
30 g Dinkelvollkornmehl 50 g
30 g Butter 50 g
30 g Tannenhonig 50 g
1 Ei (Größe M | L)
6,5 g Zucker 10 g
5 g Salz 7,5 g
1 TL Trockenhefe 1 ½ TL

Nach dem Signalton:
65 g Kokosflocken 100 g

Orangen-Zitronen-Brot

Programm „Normal" oder „Weißbrot"
Für 500 g | Für 750 g

100 ml Vollmilch 150 ml
60 ml Orangensaft 100 ml
330 g Weizenmehl Type 550 500 g
1 Ei (Größe L) 2 Eier (Größe M)
25 g Butter 40 g
5 g Salz 7,5 g
20 g Zucker 30 g
1 TL Trockenhefe 1 ½ TL

Nach dem Signalton:
30 g Orangat, klein gehackt 50 g
30 g Zitronat, klein gehackt 50 g
abgeriebene Schale von ½ unbehandelten Orange

Orange-Minze-Brot

Programm „Normal"

Vorbereitung:
1 Bund frische Minze mit 1 EL Grand
Marnier in die Milch legen und erwärmen (nicht kochen).
Das Ganze ca. 10 Min. ziehen lassen.
Anschließend durch ein Sieb passieren.
2 große Orangen schälen, in Würfel
schneiden, mit der Minz-Milch vermen-
gen und nach dem Signalton
zum Brot geben.

Für 500 g | Für 750 g

160 ml Vollmilch 250 ml
200 g Weizenmehl 550 300 g
130 g Weizenmehl 405 200 g
30 g Butter 45 g
1 Ei Größe M 2 Eier
5 g Salz 7,5 g
30 g Zucker 40 g
1 TL Trockenhefe 1 ½ TL

Nach dem Signalton:
Vorbereitete Orangenmasse beigeben

Frisch aufgeschnitten riecht
selbst gebackenes Brot nicht
nur gut, es ist auch eine
Augenweide!

Butter-Hefe-Brot

Programm „Normal" oder „Weißbrot"

Für 500 g │ Für 750 g

150 ml Vollmilch 220 ml
40 g Butter 60 g
1 Ei (Größe L) 2 Eier (Größe M)
330 g Weizenmehl Type 405 500 g
5 g Salz 7,5 g
30 g Zucker 50 g
1 TL Trockenhefe 1 ½ TL
1 TL abgeriebene Schale von 1 unbehandelten Zitrone

» **Mein Tipp:** Bestreichen Sie den Teig nach dem Kneten mit Milch. So erhalten Sie eine dunklere Kruste.

Dattelbrot

Programm „Normal"

Für 500 g │ Für 750 g

160 ml Vollmilch 250 ml
40 g Butter 60 g
2 Eier (Größe M │ L)
330 g Weizenmehl Type 550 500 g
5 g Salz 7,5 g
30 g Zucker 40 g
10 g Honig 15 g
1 TL Trockenhefe 1 ½ TL

Nach dem Signalton:
80 g grob gehackte Datteln 120 g
50 g geraspelte Kokosflocken 75 g

Süßes Malzbierbrot

Programm „Normal"

Vorbereitung:
Getrocknete Pflaumen und Aprikosen grob schneiden

Für 500 g │ Für 750 g

160 ml Malzbier 250 ml
30 ml Wasser 50 ml
1 EL Zuckerrübensirup 1 ½ EL
300 g Weizenmehl Type 550 450 g
5 g Salz 7,5 g
1 TL Trockenhefe 1 ½ TL

Nach dem Signalton:
30 g getrocknete Pflaumen, grob gehackt 50 g
30 g getrocknete Aprikosen, grob gehackt 50 g

Süße Bruschetta

Tipp

Brot in Scheiben schneiden, in einer Pfanne oder im Toaster anrösten, mit 1 EL Mascarpone oder Vanillepudding bestreichen, mit frischen Früchten je nach Saison belegen und sofort servieren.

Rosinenbrot

Programm „Normal"

Für 500 g | Für 750 g

160 ml Vollmilch 250 ml
330 g Weizenmehl Type 550 500 g
40 g Butter 60 g
1 Ei (Größe M | L)
5 g Salz 7,5 g
30 g Zucker 40 g
1 TL Trockenhefe 1 ½ TL

Nach dem Signalton:
60 g Rosinen 100 g

» **Mein Tipp:** Geben Sie noch
zusätzlich 50 bis 80 g gestiftete
Mandeln zum Teig.

Mandelbrot

Programm „Normal"

Für 500 g | Für 750 g

100 ml Buttermilch 150 ml
20 g Butter 30 g
130 ml Wasser 200 g
200 g Weizenmehl Type 405 350 g
100 g Dinkelvollkornmehl 150 g
6,5 g Salz 10 g
15 g Honig 20 g
1 TL Trockenhefe 1 ½ TL

Nach dem Signalton:
50 g gemahlene Mandeln 80 g
50 g Sultaninen 80 g

Apfelbrot

Programm „Normal"

Vorbereitung:
Äpfel schälen, entkernen
und fein raspeln.
Mit Zucker und Rum oder Kirschwasser
mischen und 12 Std. stehen lassen.

Für 500 g | Für 750 g

190 g Äpfel 375 g
80 g Zucker 125 g
½ EL Rum oder Kirschwasser 1 EL
160 g Weizenmehl Type 550 250 g
5 g Salz 7,5 g
½ EL Kakaopulver 1 EL
½ TL Lebkuchengewürz 1 TL
½ TL Backpulver 1 TL

Nach dem Signalton:
80 g Sultaninen 125 g
40 g ganze Mandeln 60 g

Alkoholfrei
Tipp

Für eine kindgerechte Va-
riante verwenden Sie einfach
Apfelsaft statt Rum oder Schnaps.

Rosinenbrot – einfach lecker bis
zum letzten Krümel.

Glutenfreie Brote

Glutenfrei sind Getreidesorten, die kein Klebereiweiß enthalten. Um glutenfreie Brote zu backen, haben sich Fertigmehle bewährt. Diese sind in Bioläden, Reformhäusern, Mühlen und über das Internet erhältlich. Ist in den Rezepten Milch angegeben, kann diese durch Wasser oder Hafermilch ersetzt werden.

Maisbrot mit glutenfreiem Backferment

Programm „Vollkorn"

Für 500 g | Für 750 g

125 ml Wasser 190 ml
6 g glutenfreier Grundansatz 9 g
2,5 g glutenfreies Backferment 3,5 g
150 g Maismehl, fein 225 g
10 Min. mit „Teig" kneten, dann
150 ml Wasser (35 °C) 225 ml
350 g Maismehl, fein 525 g
6,5 g Salz 10 g
zugeben. 15 Std. ruhen. Dann erst „Start" drücken.

Glutenfreies Möhrenbrot

Programm „Normal"

Für 500 g | Für 750 g

190 ml Wasser 290 ml
15 g Butter 25 g
10 g (1 EL) Sonnenblumenöl 15 g (1 ½ EL)
250 g glutenfreie Mehlmischung 380 g
6,5 g Salz 10 g
10 g Zucker 15 g
1 TL Trockenhefe 1 ½ TL

Nach dem Signalton:
50 g geriebene Karotten 75 g

Glutenfreies Sultaninenbrot

Programm „Normal"

Für 500 g | Für 750 g

190 ml Vollmilch 290 ml
1 Ei (Größe M/L)
25 g Butter 40 g
1 EL brauner Rum 1 ½ EL
275 g glutenfreie Mehlmischung 410 g
5 g Salz 7,5 g
20 g Zucker 30 g
1 TL Trockenhefe 1 ½ TL

Nach dem Signalton:
60 g Sultaninen dazugeben 90 g

Glutenfreies Jogurtbrot

Programm „Normal"
Für 500 g | Für 750 g

175 ml Wasser 260 ml
75 g Naturjogurt 3,5% Fett 110 g
10 g (1 ½ EL) Sonnenblumenöl 15 g (2 EL)
10 g (1 EL) Apfelessig 15 g (1 ½ EL)
250 g glutenfreie Mehlmischung 375 g
6,5 g Salz 10 g
6,5 g Zucker 10 g
1 TL Zuckerrübensirup 1 ½ TL
1 TL Trockenhefe 1 ½ TL

Nach dem Signalton:
30 g Leinsamen 40 g

Glutenfreies Kartoffelbrot

Programm „Normal"
Für 500 g | Für 750 g

200 ml Wasser 300 ml
10 g (1 EL) Sonnenblumenöl 15 g (1 ½ EL)
200 g glutenfreie Mehlmischung 300 g
6,5 g Salz 10 g
6,5 g Zucker 10 g
1 TL Trockenhefe 1 ½ TL
100 g gekochte, pürierte Kartoffeln 150 g

> Glutenfreies Kartoffelbrot ist ein sehr bekömmliches Brot. Es schmeckt mit süßen und herzhaften Aufstrichen.

Glutenfreies Buchweizenbrot

Programm „Normal"

Für 500 g | Für 750 g

135 ml Vollmilch 200 ml
70 g Speisequark 100 g
15 g (1 ½ EL) Sonnenblumenöl 20 g (2 EL)
1 Ei (Größe M | L)
200 g Buchweizenmehl 300 g
130 g Maismehl 200 g
6,5 g Salz 10 g
10 g Honig 15 g
1 TL Trockenhefe 1 ½ TL
½ TL Guarkern- oder
Johannisbrotkernmehl 1 TL

Glutenfreies Mehrkornbrot

Programm „Normal"

Für 500 g | Für 750 g

125 ml Wasser 190 ml
100 ml Vollmilch 150 ml
10 g (1 EL) Speiseöl 15 g (1 ½ EL)
250 g glutenfreie Mehlmischung 375 g
6,5 g Salz 10 g
6,5 g Zucker 10 g
1 TL Trockenhefe 1 ½ TL
60 g Samen (Sesam, Leinsamen,
Sonnenblumenkerne, Kürbiskerne
gemischt) 100 g

Glutenfreies Buttermilchbrot

Programm „Normal"

Für 500 g | Für 750 g

120 ml Buttermilch 170 ml
120 ml Wasser 170 ml
110 g glutenfreies Sauerteigmehl 170 g
40 g Buchweizenmehl 60 g
100 g Kartoffelstärke 150 g
6,5 g Salz 10 g
1 TL Zuckerrübensirup 1 ½ TL
1 TL Trockenhefe 1 ½ TL

Glutenfreies Reisbrot

Programm „Normal"

Für 500 g | Für 750 g

175 ml Wasser 260 ml
75 g Naturjogurt 3,5% Fett 150 g
10 g (1 EL) Sonnenblumenöl 15 g (1 ½ EL)
10 g (1 EL) Apfelessig
15 g (1 ½ EL)
100 g Reismehl 150 g
150 g glutenfreie Mehlmischung 225 g
6,5 g Salz 10 g
6,5 g Zucker 10 g
1 TL Trockenhefe 1 ½ TL
½ TL Guarkern- oder Johannisbrotkernmehl 1 TL

Glutenfreier Zwieback

Vorbereitung/Backanweisung:

Eier, Eigelb und Zucker vermischen, im Warmwasserbad aufschlagen und kalt schlagen.

Diese Ei-Zuckermischung in den Automaten geben und alle anderen Zutaten beigeben.

Programm „Teig" für ca. 5 Minuten starten, dann direkt auf Programm „Backen" schalten.

Für 500 g | Für 750 g

4 Eier (Größe M) 6 Eier (Größe M)
6 Eigelb (Größe M) 9 Eigelb (Größe M)
100 g Zucker 150g
60 g Maismehl 100 g
60 g Maisstärke 100 g
1 Prise Vanillezucker
1 Prise Anis
1 Prise Salz
1 Spritzer Zitronensaft

Der Zwieback ist nach ca. 45 Min. fertig gebacken.
Der Zwieback ist nach ca. 60 Min. fertig gebacken.

Nach dem Backen im Brotbackautomaten:

Der gebackene Zwieback muss mindestens 1 Tag ruhen. Anschließend in Scheiben schneiden und im Backofen bei 120 °C ca. 20-25 Min. trocknen. Den Zwieback in einem luftdichten Gefäß aufbewahren.

» **Mein Tipp:** Für glutenfreies Paniermehl einfach den Zwieback mit einer Reibe zermahlen.

Variationen aus Teig

Fantasievolles und Altbewährtes:
Gaumenfreuden für jeden Anlass.

Süße und salzige Blechkuchen

Teige für Kuchen und Pizzas können Sie alle im Brotbackautomaten herstellen. Wählen Sie dazu das Programm „Teig"
und holen Sie den Teig nach dem Kneten zur Weiterverarbeitung
aus dem Automaten.

Grundrezept süßer Hefeteig

250 ml lauwarme Vollmilch
60 g Butter
1 Ei (Größe L)
500 g Weizenmehl Type 405
20 g frische Hefe
50 g Zucker
5 g Salz

> Füllen Sie die Zutaten in den Brotbackautomaten ein und
  wählen Sie das Programm „Teig" aus.
> Den Teig nach dem Kneten aus dem Automaten nehmen,
  zu einer Kugel formen und ca. 30-40 Min. abgedeckt mit
  einem Küchenhandtuch an einem warmen Ort ruhen
  lassen.
> Anschließend können Sie den Teig weiterverarbeiten,
  indem Sie ihn z. B. auf ein gefettetes Backblech ausrollen
  und mit Äpfeln, Pflaumen, Früchten oder herzhaften
  Zutaten belegen.
> Ihrer Fantasie sind keine Grenzen gesetzt: Aus diesem Teig
  lassen sich auch kleine Brötchen, Brezeln und Stückchen
  formen oder ein Hefezopf kann geflochten werden.
> Den Zopf vor dem Backen mit einem zerquirltem Ei be-
  streichen.
> Erneute Ruhezeit nicht vergessen (ca. 30 Min.).
> Im vorgeheizten Backofen bei 220 °C, je nach Größe,
  ca. 10-40 Min. backen.

Apfelkuchen mit Streusel und
Rosinen nach Omas Art.

Apfelkuchen mit Streuseln

Teig:
Eine Rezeptmenge „süßer
Hefeteig"

Belag:
1500 g Äpfel
20 g Zitronensaft
50 g Rosinen

Streusel:
50 g Butter
100 g Zucker
5 g Vanillezucker (½ Päckchen)
2 g Zimt
100 g Weizenmehl Type 405
1 Prise Backpulver

> Den Teig im Automaten zubereiten und ca. 45 Min. ruhen lassen.
> In der Zwischenzeit die Streusel herstellen: Butter mit Zucker, Vanillezucker und Zimt verrühren, Mehl mit einer Prise Backpulver dazugeben und alles zusammen mischen bis Streusel entstehen. Mindestens 30 Min. kühl stellen.
> Den Teig auf ein mit Öl bestrichenes Backblech ausrollen, bis er das gesamte Blech ausfüllt.
> Äpfel schälen, entkernen und in gleichmäßige Spalten schneiden.
> Damit die Äpfel nicht braun anlaufen mit Zitronensaft beträufeln und anschließend auf das mit Teig ausgelegte Backblech setzten.
> Streusel und Rosinen über die Äpfel verteilen und mit einem Küchenhandtuch abgedeckt an einem warmen Ort ca. 30 Min. ruhen lassen.
> Backofen auf 220 °C vorheizen und ca. 25-30 Min. backen.

Apfelkuchen mit Rahmguss

Teig:
Eine Rezeptmenge „süßer
Hefeteig"

Belag:
1500 g Äpfel
20 g Zitronensaft

Rahmguss:
3 Eier getrennt
1 Prise Salz
2 EL Zucker
1 P. Vanillezucker
200 ml Sauerrahm
1 TL Zimt

> Zubereitung wie Apfelkuchen mit Streuseln (s. o.), jedoch ohne Streusel, dafür mit Rahmguss.

> **Für den Rahmguss:** Eigelb, Zucker, Zimt und Vanillezucker schaumig rühren, Sauerrahm beigeben. Eiweiß mit einer Prise Salz steif schlagen und unter die Masse heben und diese auf den Äpfeln verteilen.
> Backofen auf 220 °C vorheizen und ca. 25-30 Min. backen.

Grundrezept salziger Hefeteig

250 ml lauwarme Vollmilch
60 g Butter
1 Ei (Größe M)
250 g Weizenmehl Type 405
250 g Weizenmehl Type 550
20 g frische Hefe
8 g Salz

> Füllen Sie die Zutaten ein und wählen Sie das Programm „Teig" aus.
> Den Teig nach dem Kneten aus dem Automaten nehmen, zu einer Kugel formen und ca. 30 Min. abgedeckt mit einem Küchenhandtuch an einem warmen Ort ruhen lassen.
> Anschließend können Sie den Teig zu herzhaften Blechkuchen wie Quiche oder Zwiebelkuchen weiterverarbeiten oder Sie formen Brötchen und Brotstangen daraus.
> Erneute Ruhezeit nicht vergessen, ca. 30 Min., dann im vorgeheizten Backofen bei 220 °C, je nach Größe, ca. 10-40 Min. backen.

Lauch-Quiche

Teig:
Eine Rezeptmenge salziger Hefeteig

Belag:
3 Stangen Lauch (ca. 800 g)
150 g Bergkäse
400 g Schlagsahne
4 Eier
Salz, Pfeffer, Muskatnuss

> Den Teig im Automaten zubereiten und ca. 45 Min. ruhen lassen.
> Dann auf ein mit Olivenöl bestrichenes Backblech ausrollen, bis er das gesamte Blech ausfüllt.
> Lauch längs halbieren, waschen und in 1 cm dicke Ringe schneiden.
> In kochendes Salzwasser geben und 2 Min. kochen lassen.
> Lauch abgießen, abschrecken, in einem Sieb abtropfen lassen und ausdrücken.
> Bergkäse reiben, mit Schlagsahne und 4 Eiern in einer Schüssel verquirlen.
> Lauch untermischen, salzen und pfeffern.
> Masse auf dem Teig verteilen und mit einem Küchenhandtuch bedeckt ca. 30 Min. stehen lassen.
> Im vorgeheizten Ofen bei 200 °C ca. 30 Min. backen.

Tipp

Herbstkuchen

Am besten schmeckt der Lauchkuchen noch lauwarm.
Als Getränke passen hervorragend ein Riesling und Neuer Süßer (Federweißer).

Grundrezept Quark-Öl-Teig

6 EL Speiseöl
75 g Zucker
300 g Weizenmehl Type 405
1 Päckchen Backpulver
1 Prise Salz

> Geben Sie Quark, Milch, Speiseöl und 1 Prise Salz in den Brot-backautomaten und starten Sie das Programm „Teig".
> Lassen Sie die Masse etwas verrühren und geben dann erst Mehl und Backpulver dazu.
> Den fertigen Teig aus dem Automaten nehmen, auf einer bemehlten Arbeitsfläche ca. 1 - 2 cm dick ausrollen und auf ein gefettetes Backblech legen.
> Mit den Zutaten, die Sie wünschen, z. B. Äpfel, Pflaumen oder anderen Früchte belegen.
> Den Kuchen können Sie sofort, ohne ihn gehen zu lassen, in den vorgeheizten Backofen schieben. Backzeit: 30 Min. bei 200°C

Aprikosenkuchen

Teig:
Eine Rezeptmenge Quark-Öl-Teig

Belag:
1 kg Aprikosen (frisch ode aus der Dose)

Guss:
6 Eier
500 ml Sauerrahm
10 EL Zucker

> Teig wie angegeben zubereiten und auf einem Backblech aus-breiten.
> Aprikosen mit der Wölbung nach oben auf den Teig legen.
> Eier mit Sauerrahm und Zucker verrühren und über die Früchte gießen.
> Kuchen im vorgeheizten Backofen bei 200 °C ca. 25-30 Min. backen.

Früchtevarianten

Tipp

Versuchen Sie statt Aprikosen auch an-dere Früchte wie Mandarinen oder Äpfel.

Grundrezept Vollkornhefeteig

250 ml lauwarme Vollmilch
250 g Weizenvollkornmehl (fein gemahlen)
5 g frische Hefe
> Füllen Sie diese Zutaten in den Brotback-
automaten und starten Sie mit Programm
„Teig". Lassen Sie alles gut verrühren und
dann ca. 30 Min. ruhen. Nach dieser Zeit
geben Sie folgende Zutaten hinzu:
80 g Honig
80 g Butter
8 g Salz
250 g Weizenvollkornmehl (fein gemahlen)
25 g frische Hefe

> Nachdem der Teig geknetet ist, nehmen
Sie den Hefeteig aus dem Automaten,
formen ihn zu einer Kugel und lassen ihn
ca. 45 Min. abgedeckt mit einem Küchenhandtuch an einem warmen Ort ruhen.
> Anschließend können Sie den Teig zu
herzhaften und süßen Blechkuchen oder
Quiche, weiterverarbeiten oder Sie formen Brötchen, Hörnchen oder Brotstangen daraus.

Pizzateig

Ergibt 3 runde Pizzas
Programm „Teig"

Teig:
300 ml Wasser
50 g Olivenöl (5 EL)
400 g Weizenmehl Type 405
100 g Weizenmehl Type 550
10 g Salz
21 g frische Hefe

Belag:
Tomatensoße
Mozzarella
100 g geriebener Käse
Basilikumblätter

> Teig im Brotbackautomaten zubereiten und 1 Stunde ruhen
lassen.
> Den Teig in 3 gleich große Stücke teilen, Kugeln daraus formen
und nochmals ca. 15 Min. abgedeckt mit einem Küchenhandtuch an einem warmen Ort ruhen lassen.
> Die Teigstücke behutsam mit den Fingern zu runden Fladen drü-
cken (ca. 20 cm Durchmesser). Mit Tomatensoße (siehe S. 137)
oder Tomatenstücken (gewürzt mit Pizzagewürz oder Oregano),
mit Mozzarella oder weiteren Zutaten nach Wahl belegen.
> Den Ofen auf 250 °C vorheizen und bei 240 °C ca. 15-20 Min.
backen.

Mein Tipp: Sie können die Pizza auch
als Familienpizza auf einem großen Blech
zubereiten.

Zucchinikuchen

Teig:

Eine halbe Rezeptmenge
Vollkornhefeteig (S. 97)

Belag:

2 Zucchini
4 EL Olivenöl
4 EL geriebene Haselnüsse

Guss:

2 Eier
250 g Schmand
150 g geriebener Käse
   (z.B. Butterkäse)
Salz, Pfeffer
Für den Teigrand:
1 Eigelb
etwas Sahne

> Teig im Brotbackautomaten zubereiten und ca. 45 Min. ruhen lassen.
> Teig anschließend auf ein mit Öl bestrichenes Backblech ausrollen.
> Teigoberfläche mit Olivenöl bestreichen und geriebene Nüsse darauf verteilen.
> Zucchini waschen, in dünne Scheiben schneiden und auflegen.
> Schmand mit Ei und Reibekäse verrühren und mit Salz und Pfeffer abschmecken.
> Masse auf den Zucchini verteilen.
> 1 Ei trennen und Eigelb mit Sahne verrühren. Den Teigrand damit bestreichen und abgedeckt mit einem Küchenhandtuch an einem warmen Ort ca. 30 Min. ruhen lassen.
> Backofen auf 220 °C vorheizen und ca. 25-30 Min. backen.

Knusprig gefüllter Pizzafladen

Teig:

300 ml Wasser
500 g Mehl Type 405
21 g frische Hefe
1 Prise Salz
4 El Olivenöl

Belag:

8 EL Ketchup oder Tomatensauce
120 g Greyerzer (Hartkäse), in dünne Scheiben geschnitten
8 Scheiben Parmaschinken

> Teig im Brotbackautomaten herstellen und ca. 50 Min. ruhen lassen.
> Teig in 8 Stücke teilen und zu ca. 30 cm langen und 4 mm dünnen Fladen ausrollen.
> Vier Fladen (Böden) mit je 2 EL Ketchup bestreichen, 2 Scheiben Parmaschinken und Greyerzerscheiben belegen, mit den übrigen vier Fladen (Deckel) bedecken. Die Ränder gut andrücken, mit einem scharfen Messer die Teigoberfläche 3-4 mal einschneiden und zwei gefüllte Pizzafladen auf ein Backblech mit Backpapier legen.
> Backofen auf 220 Grad vorheizen und im Ofen auf der untersten Einschubleiste ohne weitere Ruhezeit ca. 12-15 Minuten goldbraun backen.
> Nach dem Backen sofort mit Olivenöl bestreichen, in Stücke schneiden und servieren. Mit den restlichen Pizzafladen genauso verfahren.

Zucchinikuchen aus Vollkornhefeteig
und mit Käse-Schmand-Guss.

Brötchen

Herstellung der Brötchen

> Stellen Sie den Teig im Brotbackautomaten mit dem Programm „Teig" her und lassen Sie ihn ca. 40-50 Min. ruhen.
> Wiegen Sie dann kleine, gleichmäßig große Teigstücke von ca. 40-50 g ab.
> Formen Sie kleine Bällchen oder längliche Brötchen. Achten Sie darauf, dass im Teig eine Spannung entsteht, indem Sie behutsam Druck ausüben. Sie können die Brötchen anschließend mit einem scharfen Messer längs, kreuzweise oder mehrfach einschneiden, mit Wasser benetzten und in Sesam, Körner, Mehl, Flocken etc. dippen. Verzieren Sie die Brötchen nach Ihren Ideen!
> Setzen Sie die geformten Brötchen auf ein gefettetes Backblech, bedecken Sie diese mit einem Küchenhandtuch und lassen sie die Brötchen etwa 20 Min. ruhen.
> Im vorgeheiztem Backofen werden die Brötchen dann bei 220 °C ca. 18-20 Min. gebacken.
> Damit die Brötchen schön glänzen, besprühen Sie die Ofenwände mit Wasser bevor Sie das Blech in den Ofen schieben.

Weizenbrötchen

Ergibt ca. 10 Brötchen
Programm „Teig"

150 ml Wasser
10 g Olivenöl
250 g Weizenmehl Type 550
10 g frische Hefe
5 g Salz

» **Mein Tipp:** Bestreichen Sie die Brötchen mit Wasser und streuen Sie Sonnenblumenkerne, Sesam, Mohn, Leinsamen, Haferflocken oder geriebenen Käse auf.

Vollkornbrötchen

Ergibt ca. 10 Brötchen
Programm „Teig"

200 ml Wasser
10 g Butter
250 g Weizenvollkornmehl
10 g frische Hefe
5 g Salz
5 g Honig

Mit solchen Sonntagsbrötchen fängt der Tag gut an!

Milchbrötchen

Ergibt ca. 10 Brötchen
Programm „Teig"

125 ml Vollmilch
30 g Butter
250 g Weizenmehl Type 405
10 g frische Hefe
5 g Salz
10 g Zucker

» **Mein Tipp:** Bestreichen Sie die Brötchen vor dem Backen mit verquirltem Ei oder Sahne.

Jogurtbrötchen

Ergibt ca. 10 Brötchen
Programm „Teig"

40 ml Wasser
125 g Naturjogurt
15 g Butter
250 g Weizenmehlmehl Type 405
10 g frische Hefe
10 g Salz
8 g Zucker

» **Mein Tipp:** Bestreichen Sie die Brötchen vor dem Backen mit verquirltem Ei und streuen Sie Sesam, Haferflocken oder Mohn auf.

Haferflockenbrötchen

Ergibt ca. 10 Brötchen
Programm „Teig"

220 ml Vollmilch
20 g Butter
250 g Weizenmehl Type 405
125 g kernige Haferflocken
10 g frische Hefe
5 g Salz
10 g Zucker

» **Mein Tipp:** Bestreichen Sie die Brötchen vor dem Backen mit Wasser und streuen Sie kernige Haferflocken auf.

Honigbrötchen

Ergibt ca. 10 Brötchen
Programm „Teig"

175 ml Wasser
150 g Weizenvollkornmehl
100 g Weizenmehl Typ 550
10 g frische Hefe
5 g Salz
10 g Bienenhonig

» **Mein Tipp:** Bestreichen Sie die Brötchen vor dem Backen mit verquirltem Ei und streuen Sie gehobelte Mandeln darüber.

Rosinenbrötchen

Ergibt ca. 10 Brötchen
Programm „Teig"

125 ml Vollmilch
30 g Butter
1 Ei (Größe M)
250 g Weizenmehl Type 405
10 g frische Hefe
5 g Salz
20 g Zucker
80 g Rosinen

» **Mein Tipp:** Bestreichen Sie die Brötchen vor dem Backen mit verquirltem Ei.

Zwiebelbrötchen

Ergibt ca. 10 Brötchen
Programm „Teig"

Vorbereitung:
150 g grob geschnittene Zwiebel-würfel in 40 g Sonnenblumenöl goldgelb anrösten.
Auskühlen lassen, bevor sie in den Teig gegeben werden.

135 g Wasser
200 g Weizenmehl Type 550
50 g Dinkelvollkornmehl
10 g frische Hefe
5 g Salz

» **Mein Tipp:** Sie können statt frischen Zwiebeln auch Röstzwie-beln verwenden und die Brötchen damit verzieren.

Gewürzbrötchen

Ergibt ca. 10 Brötchen
Programm „Teig"

175 g Wasser
250 g Weizenmehl Type 550
10 g frische Hefe
5 g Salz
25 g Gewürzmischung

Eigene Gewürzmischungen

Tipp

Gewürzmischungen gibt es schon fertig zu kaufen. Alternativ können Sie Gewürze nach Ihren Vorlieben zusammenstellen.

Speckbrötchen

Ergibt ca. 10 Brötchen
Programm „Teig"

Vorbereitung:
1 EL Olivenöl in der Pfanne erhitzen, darin 4 dicke, zu kleinen Würfel geschnittene, Scheiben Räucherspeck knusprig anbraten.

180 ml Wasser
250 g Weizenmehl Type 550
6,5 g Salz
10 g frische Hefe
Speckwürfel

» **Mein Tipp:** Bestreichen Sie die Brötchen vor dem Backen mit Wasser und streuen Sie geriebenen Käse auf.

Raffinierte Brotteigvariationen

Gefüllte Brotbällchen

Ergibt ca. 30 Brotbällchen
Programm „Teig"

Teig:
350 ml Wasser
450 g Weizenmehl Type 550
50 g Weizenmehl Type 405
20 g grober Grieß
10 g Salz
1 ½ TL Trockenhefe

Füllung: z. B.
Walnusskerne
Käsewürfel
Schinkenwürfel
Pesto
Olivenpaste
ganze Oliven, entsteint
Tomatenpaste
Kräuterbutter

> Teig im Brotbackautomaten herstellen und ca. 50 Min. ruhen lassen.
> Teig in 30 Stücke teilen (je ca. 30 g).
> Die Teigstückchen zu kleinen, runden Brötchen formen und auf ein gefettetes Backblech setzten, dann 15 Min. stehen lassen.
> Den Zeigefinger oder den Griff eines Holzlöffels mit Mehl bestauben und in die Mitte der Bällchen eine Mulde drücken.
> Etwas Füllung in die Bällchen stecken und mit einem Küchenhandtuch bedeckt ca. 40 Min. stehen lassen.
> Backofen auf 250 °C vorheizen.
> Ofenhitze auf 200 °C reduzieren, das Blech in den vorgeheizten Ofen schieben und etwas Wasser an die Ofenwände sprühen, für ca. 8-10 Min. backen.
> Damit die Brotbällchen schön glänzen, können Sie diese direkt nach dem Backen mit Wasser oder Olivenöl bestreichen und abkühlen lassen.

 **Mein Tipp:** Am besten schmecken die gefüllten Brotbällchen noch warm.

Brotbällchen mit Maismehl

Ergibt ca. 30 Brotbällchen
Programm „Teig"

300 ml Buttermilch
150 g Maismehl
350 g Weizenmehl Type 550
1 Ei (Größe M)
10 g Salz
5 g Zucker
1 ½ TL Trockenhefe

> Teig im Brotbackautomaten herstellen und weiterverarbeiten wie die „gefüllten Brotbällchen" oben.

Gefüllte Brotbällchen mit individueller Füllung ganz nach Ihren Vorlieben.

Knabberstangen

Ergibt ca. 25 Stück
Programm „Teig"

175 ml Wasser
250 g Weizenmehl Type 550
6,5 g Salz
1 TL Trockenhefe

> Füllung je nach Belieben: Sesam, Kümmel, Kräuter, geriebener Käse, Parmesan, Paprika, Tomatenpaprika, Oliven, Nüsse usw.
> Den Teig im Brotbackautomaten herstellen und 30 Min. ruhen lassen,
> dann zu einem ca. 20 x 30 cm großen und etwa 1 cm dicken Rechteck ausrollen.
> Die Oberfläche gleichmäßig mit der Füllung bestreuen und behutsam in den Teig drücken.
> Ein Teigdrittel zur Mitte hin umschlagen und etwas andrücken.
> Die neu entstandene Oberfläche ebenfalls mit der Füllung betreuen.
> Das gegenüberliegende Teigdrittel zur Mitte hin falten und andrücken, je nach Geschmack erneut bestreuen.
> Mit einem scharfen Messer den Teig in ca. 1 cm breite Streifen schneiden.
> Jeden Streifen in sich drehen, dabei behutsam etwas in die Länge ziehen und auf ein gefettetes Backblech legen.
> Mit einem Küchenhandtuch bedeckt ca. 25 Min. stehen lassen.
> Backofen auf 250 °C vorheizen.
> Backofentemperatur auf 220 °C reduzieren, das Blech in den Ofen schieben, die Ofenwände mit Wasser besprühen und die Stangen in ca. 15-20 Min. fertig backen.

》 **Meine Lieblingsfüllungen sind:**
> 50 g geriebener Parmesan, 5 g Kräuter der Provence und 100 g grob gehackte Oliven
> Sesamsamen mit Chilipulver und 50 g geriebener Parmesan.
> 50 g geriebener Käse (Emmentaler), frisch gemahlener schwarzer Pfeffer und 50 g fein gewürfelter Schinken oder Bündner Fleisch.

Lassen Sie Ihren persönlichen Geschmack entscheiden!

Zwei Partyhits – Knabber-
stangen und Thunfisch-Grissini
(im Glas; Rezept auf Seite 108)

Thunfisch-Grissini

Ergibt ca. 25 Stück
Programm „Teig"

Teig:
50 ml Wasser
250 g Weizenmehl Type 550
5 g Salz
5 g Zucker
1 TL Trockenhefe

Thunfischcreme:
110 g Thunfisch aus der Dose
   mit Öl
20 g fein gehackte Zwiebeln
15 g Ölivenöl
10 g Butter
50 g Wasser
1 Msp. Cayennepfeffer
1 Prise Salz
1 Ei zum Bestreichen

> Alle Zutaten für die Thunfischcreme mit dem Mixer zu einer feinen Creme mischen.
> Alle Zutaten inklusive Thunfischcreme in den Brotbackautomaten geben und das Programm „Teig" starten.
> Den fertigen Teig ca. 30 Min. stehen lassen.
> In ca. 20 g große Stücke teilen und etwa 25 cm lange Stränge formen.
> Die Stränge auf ein gefettetes Backblech legen, mit Ei bestreichen und nochmals ca. 20 Min. abgedeckt mit einem Küchenhandtuch stehen lassen.
> Backofen auf 220°C vorheizen, die Ofenwände mit Wasser besprühen und ca. 10 Min. backen.
> Die Grissini im ausgeschalteten Ofen 20-30 min. trocknen lassen.

Aufbewahrung

Grissini lassen sich gut in einer verschlossenen Dose lagern.

Zwiebelfladenbrot

Ergibt 2 kleine, runde
Fladenbrote
Programm „Teig"

Teig:
300 ml Wasser
400 g Weizenmehl Type 550
6,5 g Salz
1 TL Trockenhefe

Nach dem Signalton:
50 g Macadamianüsse
80 g Röstzwiebeln

Belag:
20 g Sonnenblumenöl (2 EL)
Steinsalz zum Bestreuen

> Den Teig im Automaten zubereiten und ca. 1 Std. ruhen lassen.
> Teig halbieren und zwei Kugeln formen, die auf ein gefettetes Backblech gesetzt und mit Sonnenblumenöl bestrichen werden.
> Mit einem Küchenhandtuch bedeckt ca. 45 Min. stehen lassen.
> Backofen auf 220 °C vorheizen.
> Den Teig erneut mit Sonnenblumenöl bestreichen, behutsam flach drücken und mit den Fingerspitzen Vertiefungen eindrücken.
> Mit Steinsalz bestreuen und sofort in den Ofen schieben.
> Bei 220 °C in ca. 15-20 Min. goldbraun backen.
> Solange das Fladenbrot noch warm ist mit Sonnenblumenöl bestreichen.

 Mein Tipp: Falls sich der Fladen während des Backens aufblähen sollte, stechen Sie ihn mit einem Spieß ein.

Focaccia

Ergibt ein großes, rechteckiges
Fladenbrot oder zwei runde.
Programm „Teig"

Teig:
320 ml Wasser
50 ml Olivenöl
450 g Weizenmehl Type 550
50 g Weizenmehl Type 405
10 g Salz
1 ½ TL Trockenhefe

Belag:
5 EL Olivenöl
Rosmarinzweige
Steinsalz zum Bestreuen

> Den Teig im Automaten zubereiten und ca. 1 Std. ruhen lassen.
> Teig auf ein gefettetes Backblech ausrollen bis er das gesamte
  Blech ausfüllt, und mit Olivenöl bestreichen.
> Mit einem Küchenhandtuch bedeckt ca. 30 Min. stehen lassen.
> Den Teig erneut andrücken und mit den Fingerspitzen Vertie-
  fungen eindrücken, weitere 30 Min. gehen lassen.
> Backofen auf 250 °C vorheizen.
> Die Rosmarinnadeln abzupfen und mit dem Steinsalz den Fla-
  den gleichmäßig bestreuen, dann sofort in den Ofen schieben.
> Die Temperatur auf 220 °C reduzieren und 25-30 Min. goldbraun
  ausbacken. Mit Olivenöl bestreichen, solange die Focaccia heiß ist.

» **Mein Tipp:** Geben Sie Oliven, Kapern, Peperoni oder Zutaten Ihrer Wahl dazu. Die Rosmarinzweige können Sie gegen
getrockneten Thymian austauschen.

Focaccia ist ein italienisches Fladenbrot.

Gefülltes Fladenbrot

1 Fladenbrot (siehe „Zwiebel-
fladenbrot" S. 108, jedoch ohne
Zwiebeln und Macadamia-
nüsse)

Füllung:
Meerrettich-Aufstrich
    (siehe S. 134)
250 g geräucherter Lachs, fein
    gewürfelt
250 g körniger Frischkäse
    (Hüttenkäse)
40 g Mayonnaise (siehe S. 138)
fein gehackter Dill
Zitronensaft
Salz, Pfeffer

> Das Fladenbrot waagerecht durchschneiden.
> Den Boden mit Meerrettichcreme bestreichen.
> Räucherlachs mit Frischkäse und Mayonnaise mischen, mit
den anderen Zutaten abschmecken, auf dem Fladenbrot
verteilen und den Deckel auflegen.
> Ca. 30 Min. kalt stellen.

Tipp

So schmeckts noch besser

Sollte die Masse zu trocken sein, geben
Sie Sauerrahm oder Schmand hinzu.
Nehmen Sie für die Füllung Ihre Lieblings-
zutaten!

Baguette

Ergibt 2-8 Baguettes
Programm „Teig"

350 ml Wasser
500 g Weizenmehl Type 550
10 g Salz
5 g Honig oder Zucker
20 g frische Hefe

> Den Teig im Automaten zubereiten und 1 Stunde ruhen
lassen.
> Anschließend den Teig, je nach gewünschter Größe, in 2 bis
8 Stücke teilen.
> Formen Sie längliche Rollen.
> Legen Sie die Baguettes auf das Backblech. Die Oberfläche
mit einem scharfen Messer oder einer Rasierklinge drei bis
sechsmal schräg einschneiden und mit einem Küchenhandtuch für ca. 45 Min. ruhen lassen.
> Backofen auf 250 °C vorheizen.
> Bevor Sie das Blech in den Ofen schieben, besprühen Sie den
Boden und die Wände des Ofens mit Wasser.
> Nach ca. 10-12 Min. sind die Baguettes goldbraun gebacken.

Kräuter-Knoblauch-Baguette

2 Baguettes
  (16 Scheiben je 2 cm dick)
200 g Kräuter-Knoblauchbutter
  (siehe S. 134)
60 g grob gehackter Knoblauch
10 g Salz
2 Stück Alufolie (40 x 45cm)

> Baguettebrot in Scheiben schneiden.
> Kräuterbutter schmelzen und mit Knoblauch mischen.
> Alle Baguettescheiben aufrecht nebeneinander auf die Alufolie setzen.
> Kräuterbutter mit einem Löffel über das Baguette verteilen, Alufolie komplett verschließen. Ca. 10 Min. bei 200 °C im Ofen lassen,
> dann Alufolie oben öffnen und bei Oberhitze noch mal ca. 5 Min. knusprig überbacken.

Mein Tipp: Statt Kräuterbutter können Sie Zitronenbutter, Chilibutter etc. verwenden. Überbacken Sie das Baguette zusätzlich mit geriebenem Käse.

Dinkel-Fladen

Ergibt 8 Fladen
Programm „Teig"

Teig:
320 ml Wasser
250 g Dinkelmehl Type 630
250 g Weizenmehl Type 550
1 ½ TL Trockenhefe
10 g Zucker
10 g Salz

Belag:
2 Zwiebeln
1 Apfel
10 g Butter
6 EL Crème fraîche

> Teig im Brotbackautomaten herstellen und 40 Min. gehen lassen.
> Apfel vierteln, entkernen und in hauchdünne Spalten schneiden.
> Zwiebeln in feine Ringe schneiden, in Butter andünsten, Apfelscheiben dazu geben und auskühlen lassen.
> Den Teig in 8 Stücke teilen und behutsam mit den Fingern zu flachen Fladen ausbreiten.
> Mit Crème fraîche bestreichen, Apfel-Zwiebel-Mischung darauf verteilen.
> Den belegten Teig auf ein mit Backpapier ausgelegtes Backblech legen und mit einem Küchenhandtuch bedeckt ca. 30 Min. stehen lassen.
> Das Blech in den vorgeheizten Ofen schieben, Boden und die Wände des Ofens mit Wasser besprühen.
> Bei einer Backtemperatur von 220 °C 10-12 Min. backen.

Flammkuchen

Tipp

Bei dem Belag können Sie variieren, indem Sie z. B. Zwiebelringe und Speckwürfel als Belag nehmen und somit eine Art Flammkuchen herstellen. Anstatt Dinkelmehl können Sie ebenso Weizenmehl Type 550 verwenden.

Brot-Pita

Ergibt 3 Pitas
Programm „Teig"

Teig:
320 ml Wasser
50 ml Olivenöl
400 g Weizenmehl Type 550
100 g Weizenmehl Type 405
10 g Salz
1 ½ TL Trockenhefe

Belag:
100 g getrocknete Tomaten
 (siehe S.137)
10 Zehen karamellisierter
 Knoblauch (siehe S.137)
100 g frische Champignons in
 Viertel geschnitten
2 EL Sesamsamen
2 EL frisch geriebener Parmesan
etwas Olivenöl zum
 Bestreichen

> Den Teig im Automaten zubereiten und 1 Std. ruhen lassen.
> Den Teig zu einem ca. 40 x 30 cm großen Rechteck ausrollen.
> Getrocknete Tomaten, karamellisierte Knoblauchzehen, Champignonspalten, Sesamsamen und Parmesan auf dem Teig verteilen und sachte andrücken. Lassen Sie einen Rand von ca. 1 cm unbedeckt.
> Ein Teigdrittel von der schmalen Seite des Rechtecks aus zur Mitte hin umschlagen. Dann das gegenüberliegende Drittel darüber falten, sodass ein kleines Teigrechteck entsteht. Alles gut andrücken, vor allem die Ränder, damit die Füllung nicht herausquillt.
> Das Teigrechteck quer in 3 gleich große Stücke schneiden. Beim Mittelstück müssen Sie den Teig an einer offenen Seite zusammendrücken.
> Die Brottaschen an der offenen Seite mit der Füllung nach oben auf ein gefettetes Backblech setzen, sodass man die Füllung sehen kann. Mit einem Küchenhandtuch bedeckt ca. 40 Min. ruhen lassen.
> Backofen auf 250 °C vorheizen.
> Bevor Sie das Blech in den Ofen schieben, besprühen Sie den Boden und die Wände des Ofens mit Wasser.
> Die Temperatur auf 220 °C reduzieren und 20-25 Min. backen. Die Brotränder können Sie mit Olivenöl bestreichen solange sie noch warm sind.

Mein Tipp: Die Brot-Pita können Sie beliebig mit ihren Lieblingszutaten füllen, ähnlich wie ein Pizzabelag. Klassische Beläge sind Gyros, Lammfleisch, Hummus oder Schafskäse.

Die Brot-Pita ist serviert als Beilage oder Snack – eine köstliche Bereicherung für jede Party.

Kräuterkörbchen

Ergibt 10 Körbchen
Programm „Teig"

Teig:
160 ml Wasser
30 ml Olivenöl
250 g Weizenmehl Type 550
6,5 g Salz
1 TL Trockenhefe

Belag:
½ rote Paprika
100 g gekochter Schinken
100 g Frischkäse
2 EL frische Kräuter
   (Gartenkräuter)
2 EL Olivenöl
Salz, Pfeffer

Zum Bestreichen:
1 Ei
1 Prise Salz

> Kräutercreme: Paprika und Kräuter waschen und fein schneiden, Schinken fein würfeln. Alles mit dem Frischkäse verrühren und mit Salz und Pfeffer abschmecken.
> Den Teig im Brotbackautomaten zubereiten und 1 Std. ruhen lassen.
> Den Teig zu einem ca. 20 x 15 cm großen Rechteck ausrollen und ca. 10 cm große Kreise ausstechen oder ausschneiden.
> In die Mitte des Kreises 1 EL von der Paprika-Kräutercreme geben.
> Teigränder mit dem verquirlten Ei bestreichen. Bei jedem Teigstück den Teigrand an 4 Stellen nach oben biegen und in der Mitte leicht zusammendrücken.
> Die Teigkörbchen auf ein gefettetes Backblech legen und mit Ei bestreichen.
> Mit einem Küchenhandtuch bedeckt ca. 40 Min. stehen lassen.
> Backofen auf 250 °C vorheizen.
> Das Blech in den Ofen schieben, die Temperatur auf 220 °C reduzieren und in ca. 15-20 Min. fertig backen.

Sauerkrautrolle

Ergibt eine Rolle
Programm „Teig"

Teig:
300 ml Wasser
250 g Weizenmehl Type 1050
250 g Weizenmehl Type 550
10 g Salz
20 g Butter
1 ½ TL Trockenhefe

Füllung:
1 gehackte Zwiebel
150 g Speck in Scheiben
4 EL Dijonsenf
20 g Sonnenblumenöl (2 EL)
500 g Sauerkraut
1 EL Kümmelsamen

> Teig zubereiten und 40 Min. ruhen lassen.
> Zwiebel in einer Pfanne mit Öl anbraten, Sauerkraut und Kümmel dazu geben und 10 Min. mitdünsten.
> Teig zu einem Rechteck (ca. 40 x 30 cm) ausrollen und mit Speckscheiben belegen.
> Speckscheiben mit Senf bestreichen und ausgekühlte Sauerkrautmischung darauf verteilen, dabei einen ca. 1 cm breiten Rand frei lassen und den Teig aufrollen.
> Auf ein mit Backpapier ausgelegtes Backblech legen, mit einem Küchenhandtuch abgedeckt an einem warmen Ort ca. 45 Min. stehen lassen.
> Backofen auf 250 °C vorheizen.
> Bevor Sie das Blech in den Ofen schieben, besprühen Sie den Boden und die Wände des Ofens mit Wasser.
> Die Backofentemperatur auf 220 °C reduzieren und die Rolle ca. 50 Min. backen.

Herzhafte Schnecken

Ergibt 12 Schnecken
Programm „Teig"

Teig:
320 ml Wasser
50 ml Olivenöl
400 g Weizenmehl Type 550
100 g Weizenmehl Type 405
10 g Salz
1 ½ TL Trockenhefe

Belag:
2 EL Tomatenmark
100 g geriebener Parmesan
80 g geröstete Pinienkerne
10 Scheiben Parmaschinken
10 Blätter Rucola
1 Ei zum Bestreichen

> Teig im Brotbackautomaten zubereiten und ca. 40 Min. ruhen lassen.
> Die Pinienkerne in einer Pfanne rösten, dann auskühlen lassen.
> Den Teig zu einem ca. 35 x 25cm großen Rechteck ausrollen und mit Tomatenmark bestreichen.
> Pinienkerne mit dem geriebenen Parmesan mischen und die Hälfte davon auf dem Teig verteilen.
> Parmaschinken und Rucola gleichmäßig auflegen, mit Olivenöl bestreichen und mit dem Rest der Pinienkerne und Parmesan bestreuen.
> Den Teig wie eine Roulade zusammenrollen, ca. 2-3 cm dicke Scheiben abschneiden, Schnecken auf ein gefettetes oder mit Backpapier ausgelegtes Backblech legen und mit dem verquirlten Ei bestreichen.
> Mit einem Küchenhandtuch bedeckt ca. 40 Min. an einem warmen Ort stehen lassen.
> Backofen auf 250 °C vorheizen.
> Das Blech in den Ofen schieben, die Temperatur auf 220 °C reduzieren und die Schnecken ca. 10-15 Min. backen.

» **Mein Tipp:** Sie können die gefüllte Teigrolle auch als Ganzes in einer Springform mit Kamin oder einer Gugelhupfform backen. So erhalten Sie einen gefüllten Teigkranz. Die Backzeit beträgt dann ca. 60 Min. bei 175 °C.

Würstchen im Brotteig

Ergibt Teig für 4 Würstchen
Programm „Teig"

Teig:
150 ml Wasser
250 g Weizenmehl Type 550
30 g Butter
6,5 g Salz
5 g Zucker
1 TL Trockenhefe

Füllung:
4 Würstchen (Wiener, rote,
    weiße, grobe Bratwurst oder
    Thüringer, je nach Ge-
    schmack)
4 Scheiben Speck in Scheiben
4 Käsescheiben (z. B. Gouda)

> Teig im Brotbackautomaten herstellen und 1 Std. ruhen lassen.
> Teig in 4 Stücke teilen und jedes Stück zu einem Rechteck ausrollen.
> Falls Sie Bratwürstchen verwenden, diese vorab in einer Pfanne braten und auskühlen lassen, dann in der Speck- und Käsescheibe einrollen.
> Würstchen quer auf den Brotteig legen und an einer Ecke beginnend aufrollen.
> Auf ein mit Backpapier ausgelegtes Backblech legen. Mit einem Küchenhandtuch bedeckt ca. 30 Min. gehen lassen.
> Backofen auf 250 °C vorheizen.
> Backofentemperatur auf 220 °C. reduzieren, das Blech in den Ofen schieben, die Wände mit Wasser besprühen und 12-15 Min. backen.

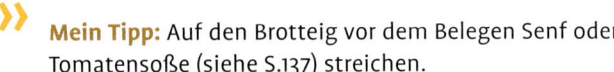 **Mein Tipp:** Auf den Brotteig vor dem Belegen Senf oder Tomatensoße (siehe S.137) streichen.

Schäufele im Brotteig

Ergibt Teig für 1 Schäufele
Programm „Teig"

Teig:
330 ml Wasser
450 g Weizenmehl Type 550
50 g Roggenmehl Type 1150
10 g Salz
1 ½ TL Trockenhefe

Füllung:
1 Schäufele (ca. 1,5 kg)
2000 g Wasser
1 Zwiebel
1 Lorbeerblatt
1 Nelke
5 Wacholderbeeren

> Teig im Brotbackautomaten kneten und 1 Std. ruhen lassen.
> Wasser und restliche Zutaten in einem großen Topf (Bräter) mit dem Fleisch zugedeckt 30 Min. köcheln lassen.
> Das Schäufele aus dem Sud nehmen und abkühlen lassen.
> Den Teig rechteckig so groß ausrollen, dass das Schäufele locker eingewickelt werden kann und mit der Naht nach unten auf ein gefettetes, leicht bemehltes Backblech setzen.
> Mit einem Küchenhandtuch bedeckt ca. 45 Min. gehen lassen.
> Den Backofen auf 220 °C vorheizen.
> Das Blech in den Ofen schieben, die Wände mit Wasser besprühen und in ca. 50 Min. fertig backen.

Brotsalate

Tomaten-Brotsalat

300 g Weizenbrot
   (2 cm dicke Scheiben)
300 g kalte Fleischbouillon
   (Brühe)
20 g Kräuteressig
500 g Tomaten in Spalten
   geschnitten
1 rote Zwiebel in Streifen
   geschnitten
5 g Basilikum frisch gezupft
100 g Olivenöl
20 g Rotwein (2 EL)
Salz
Pfeffer

> Brotscheiben in Fleischbrühe und Kräuteressig ca. 30 Min. einlegen.
> Flüssigkeit ausdrücken und Weizenbrot in kleine Stücke zupfen.
> Tomaten, Basilikum und Zwiebel beigeben und mischen.
> Olivenöl mit Rotwein verrühren, würzen und zum Salat geben.
> Nochmals durchmischen und servieren. (Im Sommer den Salat vor dem Servieren ca. 2 Std. in den Kühlschrank stellen).

 Mein Tipp: Sie können auch geschnittene Gurken, Spargel, Paprika, Speck, Thunfisch, Oliven oder Stangensellerie beigeben.

Nuss-Brotsalat

80 g Weißbrot ca. 4 Scheiben
20 g Olivenöl
1 kleine rote Zwiebel
150 g Speck in Streifen
   geschnitten
100 g frische Champignons
50 g Pinienkerne
200 g Feldsalat

Salatsauce:
100 g Sahne
20 g Essig
20 g Erdnussöl
Senf
Sojasauce
Salz, Pfeffer

> Weißbrot in Würfel (1 x 1 cm), Zwiebel in Scheiben und Champignons in Viertel Schneiden
> Speck, Zwiebel und Weißbrot in einer Pfanne mit Olivenöl knusprig anbraten.
> Champignons und Pinienkerne dazugeben und weiterrösten.
> Diese Mischung im Ofen warm stellen.
> Für die Salatsauce alle übrigen Zutaten zusammenmischen.
> Feldsalat mit Salatsauce mischen, auf einem Teller anrichten und das warme Brotwürfel-Gemisch darüber streuen.

Salatkugel

Ergibt ca. 10 Salatkugeln
Programm „Teig"

170 ml Wasser
250 g Weizenmehl Type 550
5 g Salz
½ TL Trockenhefe oder 5 g
   frische Hefe
gemischter Salat ihrer Wahl

> Teig im Automaten zubereiten und 20 Min. ruhen lassen.
> Backofen auf 250 °C vorheizen.
> Den Teig in 10 Stücke teilen (ca. 45 g). Die Teigstücke zu kleinen, runden Bällchen formen, mit einem Küchenhandtuch bedecken und 5-10 Min. ruhen lassen.
> Die Teigbällchen mit Mehl bestauben und ganz dünn zu runden Scheiben ausrollen (ca. 1-2 mm dünn!).
> Jeweils 2 Teigstücke auf ein leicht gefettetes oder mit Backpapier belegtes Backblech legen und sofort etwa 5-6 Min. backen. Der Teig sollte sich sehr rasch aufblähen und eine goldbraune Farbe annehmen.
> Zum Abkühlen auf ein Gitter setzen.
> Alle Teigstücke fertig backen.
> Vor dem Servieren wird die Unterseite der Salatkugel leicht mit Wasser benetzt, um die Kruste aufzuweichen. Dann können Sie ein Loch herausbrechen oder -schneiden, durch das Sie den Salat einfüllen.
> Richten Sie die Salatkugel umgedreht auf einem Teller an. Das Salatdressing fügen Sie später hinzu, da die Salatkugel sonst durchweicht würde. Am Tisch wird dann mit einem Löffel die Kruste aufgeschlagen, so dass der Salat heraus springt.

Braucht etwas Übung

Tipp

Wenn Sie die Brotkugeln zum ersten Mal backen, stellen Sie die doppelte Menge an Teig her. Erfahrungsgemäß ist etwas Ausschuss zu erwarten, bis Sie den Dreh heraus haben.
Die Reste der nicht aufgegangenen „Brotscherben" können Sie prima zum Dippen servieren oder als Brotcroûtons verwenden.

Die Salatkugel ist sehr effektvoll und liefert das Brot zum Salat gleich mit.

Brotsuppen

Essbare Suppenteller

Jede Brotsorte, am besten rund gebacken, können Sie aushöhlen und mit Suppe (z. B. Käsesuppe, Gulaschsuppe) befüllen. Dazu den Deckel abschneiden, aushöhlen und im Ofen ca. 10 Min. bei 180 °C erwärmen. Suppe einfüllen und servieren. Die übrig gebliebene Brotkrume (das Brotinnere) können Sie perfekt für einen Brot-auflauf oder für eine Brotsuppe verwenden. Diese Suppenschalen haben den Vorteil, dass keine Reste bleiben.

Programm „Teig"
Ergibt 8 Schalen

320 ml Wasser
300 g Weizenmehl Type 550
200 g Weizenmehl Type 405
10 g Salz
1 ½ TL Trockenhefe

> Die Außenseite von 8 feuerfesten Steingutschalen (Suppen- oder Müslischalen, ca. 12 cm Durchmesser) mit Speiseöl bestreichen.
> Den Teig zubereiten und 30 Min. gehen lassen, in 8 große Stücke aufteilen, zu Kreisen ausrollen, und über die umgedrehten Schalen legen, dabei behutsam andrücken, damit er fest anliegt.
> Bei 200 °C die umgedrehten Schalen ca. 20-25 Min. backen.
> Einige Min. abkühlen lassen, dann mit einem Messer das Brot vorsichtig von den Schalen lösen und abnehmen. Auf einem Gitter auskühlen lassen.

Auf Vorrat herstellen

Die Suppenschüsseln sind auch für Kaltschalen geeignet. Sie lassen sich auch gut auf Vorrat herstellen und eignen sich zum Einfrieren.

Tipp

Eine schönere Präsentation Ihrer Suppe in essbaren Suppentellern gibt es nicht!

Brotsuppe mit Speck

200 g Brot (nach Wahl)
in Würfel geschnitten
2 l Fleischbouillon (Brühe)
200 g Sahne
2 EL saure Sahne
1 gehackte Zwiebel
50 g durchwachsener Speck,
in Würfel geschnitten
1 TL Kümmel
je 1 Prise Salz, Pfeffer, Muskat
100 g Fleischkäse (Leberkäse)
gewürfelt

> Speck, Zwiebel und Brot in einer Pfanne anrösten. Kümmel dazu geben, mit Fleischbrühe ablöschen und ca. 30 Min. bei kleiner Hitze kochen lassen.
> Mit dem Mixer oder Schneebesen verquirlen, Sahne dazu geben, würzen, abschmecken und noch einmal aufkochen lassen.
> Den gewürfelten Fleischkäse beigeben und genießen.

Tipp

Suppenvarianten

Die Fleischbouillon können Sie jederzeit austauschen und die Einlagen anpassen, z. B. Fischbouillon mit Lachs und Dill, Gemüsebouillon mit Lauchstreifen oder Hühnerbouillon mit Hühnerbrust.

Käsesuppe

100 g Brot (Nussbrot,
Walnussbrot)
250 g Hackfleisch (Schwein/
Rind gemischt)
600 ml Fleischbrühe
20 g Speiseöl
1 Stange Porree
1 ½ Becher (300 g) Schmelzkäse Sahne
1 ½ Becher (300 g) Schmelzkäse Kräuter
Salz, Pfeffer, Kräuter der Saison

> Hackfleisch in Speiseöl anbraten.
> Porree klein schneiden, abbrausen und abtropfen lassen, zum Hackfleisch geben und kurz mit andünsten.
> Die Masse mit Fleischbrühe ablöschen.
> Schmelzkäse unterheben und unter ständigem Rühren aufkochen lassen bis der Käse vollständig geschmolzen ist. Mit Salz und Pfeffer abschmecken.
> Nussbrot in Würfel (1 x 1 cm) schneiden und in Olivenöl anrösten.
> Brotwürfel auf die Käsesuppe geben und servieren.

Brotaufläufe

Brot-Käse-Auflauf

150 g Brotscheiben
(nach Wahl)
100 g Weißwein (trocken)
250 g Käsescheiben
(Hartkäse, z. B. Emmentaler)

Guss:
150 g Sahne
200 g Vollmilch
4 Eigelb (Größe M)
4 Eiweiß (Größe M)
Pfeffer, Muskatnuss, frisch
gemahlen
1 Prise Salz

> Brotscheiben toasten oder im Ofen auf einem Blech rösten.
> Mit Weißwein beträufeln.
> Eine feuerfeste Form mit Butter ausstreichen. Brot und Käsescheiben abwechselnd einschichten, dabei leicht schräg anrichten.
> Sahne, Milch, Eigelb, Pfeffer und Muskat verrühren. Eiweiß mit 1 Prise Salz steif schlagen (nicht ganz fest) und unter den Guss heben.
> Den Guss über die Brot-Käse-Schichten verteilen und den Auflauf im vorgeheizten Backofen bei 180 °C ca. 20 Min. backen.

Mein Tipp: Legen Sie zwischen die Brot-Käse-Schichten zusätzlich Birnenspalten.

Tomaten-Brotauflauf

150 g (ca. 4 Stück) altbackene
Brötchen (oder Baguette)
80 g Schinkenwürfel
150 g Tomatenscheiben,
gewürzt
90 g Raclettekäse gewürfelt
5 g Basilikum
1 Knoblauchzehe gehackt
40 g Olivenöl

Guss:
60 g Sahne
100 g Tomatenmark
300 g Vollmilch
2 Eier (Größe M)
2 Eigelb (Größe M)
Salz, Pfeffer, Oregano

> Eine feuerfeste Form mit Butter ausstreichen.
> Brötchen in ½ cm dicke Scheiben schneiden. Die Hälfte der Brötchenscheiben schichtweise in die Form legen.
> Tomatenscheiben, Knoblauch, Basilikum, Schinkenwürfel und Raclettekäsewürfel darüber verteilen.
Mit den restlichen Brötchenscheiben abdecken und mit Olivenöl bestreichen.
> Alle Zutaten für den Guss mischen und in die Form gießen, anschließend im vorgeheizten Backofen bei 180 °C ca. 40 Min. backen.

Italienischer Brotauflauf

100 g Brotwürfel
100 g Speckwürfel
100 g Schinkenwürfel
100 g Mozzarellawürfel
400 g Tomatenscheiben
20 g geriebener Parmesan
Knoblauchsalz, italienische
    Gewürzmischung
frisches Basilikum

Guss:
400 g fertige Bechamelsoße
100 g geriebener Parmesan

> Backofen auf 220 °C vorheizen.
> Eine feuerfeste Form mit Olivenöl ausstreichen.
> Tomatenscheiben gut würzen, die Hälfte davon in die Form einlegen. Brot-, Speck-, Schinken- und Mozzarellawürfel mischen und auf den Tomaten verteilen, mit den restlichen Tomatenscheiben abdecken.
> Bechamelsoße mit 80 g Parmesan mischen und in die Form gießen.
> Zum Schluss den restlichen Parmesan aufstreuen.
> Die gefüllte Form mit Alufolie abdecken und ca. 35 Min. backen. Alufolie entfernen und weitere 15 Min. überbacken.
> Vor dem Servieren Basilikumblätter auflegen.

Dieser Italienischer Brotauflauf schmeckt nach Sommer, Sonne und Süden.

Apfelauflauf

150 g (ca. 4 Stück) altbackene
   Brötchen (oder Baguette)
250 g (ca. 3) Äpfel in feine
   Scheiben geschnitten
50 g Mandeln, fein gehackt
20 g Vanillezucker
40 g Butter
100 g Sultaninen

Guss:
500 g Vollmilch
4 Eier (Größe M)
50 g Zucker
abgeriebene Schale von einer
   ½ unbehandelten Zitrone

> Eine feuerfeste Form mit Butter ausstreichen.
> Brötchen in ½ cm dicke Scheiben schneiden.
> Die Hälfte der Brötchenscheiben schichtweise in die Form
  legen. Apfelscheiben auflegen, Mandeln und die Hälfte der Sultaninen mit Vanillezucker aufstreuen. Butterstückchen darauf
  verteilen. Mit den restlichen Brötchenscheiben abdecken und
  Sultaninen aufstreuen.
> Für den Guss alle Zutaten mischen und in die Form gießen
> Bei 180 °C m vorgeheizten Backofen ca. 30 Min. backen.

>> **Mein Tipp:** Dazu passt hervorragend eine Vanillesoße und
   als Getränk ein Glas Apfelsaft.

Kirschen-Brotauflauf

150 g (ca. 4 Stück) altbackene
   Brötchen (oder Baguette)
   in 1 cm große Würfel
   geschnitten
450 g Kirschen entsteint
90 g Vollmilch
90 g Butter
100 g Zucker
1 P. Vanillezucker
   (Bourbon-Vanille)
1 TL gemahlener Zimt
3 Eigelb (Größe M)
3 Eiweiß (Größe M)
½ EL Kirschwasser
40 g gehackte Mandeln
1 Prise Salz
Paniermehl (Semmelbrösel)
Puderzucker

> Backofen auf 180 °C vorheizen.
> Gewürfelte Brötchen ca. 15 Min. in Milch einweichen.
> Butter, Zucker, Vanillezucker und Zimt schaumig rühren.
> Eigelb, Mandeln und Brötchen mit Milch beigeben.
> Eiweiß mit Kirschwasser und 1 Prise Salz steif schlagen und
  unter die Masse ziehen.
> Die Kirschen vorsichtig unterheben.
> Eine feuerfeste Form mit Butter ausstreichen und mit Panier-
  mehl ausstreuen.
> Masse einfüllen und im vorgeheizten Backofen bei 180 °C
  ca. 50 Min. backen.
> Nach dem Backen mit Puderzucker bestreuen. Dazu passt
  hervorragend ein Vanillepudding.

>> **Mein Tipp:** Wenn Sie das Gericht für Kinder herstellen,
   lassen Sie das Kirschwasser weg. Sie können es durch Kirsch-
   sirup ersetzen.

Der Schoko-Brot-Pudding ist ein Traumdessert.

Schoko-Brot-Pudding

250 g (ca. 12 Scheiben) alt-
backenes Toastbrot, ohne
Rinde, diagonal geviertelt
150 g Schokolade (Zartbitter
oder Vollmilch), grob gehackt
450 g Sahne
40 g brauner Rum
120 g Zucker
80 g Butter
3 Eier (Größe M)
gemahlener Zimt

> Eine feuerfeste Auflaufform mit Butter ausstreichen.
> Gehackte Schokolade, Sahne, Butter, Rum, Zucker und Zimt
  mischen und im Wasserbad erwärmen.
> Eier gut verrühren und in die Mischung hinzugeben.
> Die Hälfte des Schokoladengusses in die Form gießen und die
  Toastbrot-Dreiecke schichtweise einlegen.
> Mit dem restlichen Guss auffüllen.
> Mit Folie abdecken und im Kühlschrank ca. 24 Std. ziehen lassen.
> Backofen auf 180 °C vorheizen und für ca. 50 Min. backen.
> Mit Schlagsahne oder Vanillesoße servieren.

Mein Tipp: Legen Sie zwischen die Brot-Schoko-Schichten
zusätzlich Bananenstücke oder andere Früchte.

Brotdesserts

Sommer-Beeren-Brot

200 g (ca. 8) Scheiben alt-
  backenes Toastbrot, ohne
  Rinde
600 g gemischte Beeren
  (Johannisbeeren, Himbeeren, Erdbeeren, Brombeeren,
  Kirschen)
100 g Zucker
3 EL Crème de Cassis
  (Likör von schwarzen
  Johannisbeeren)

> Eine Puddingschüssel mit Klarsichtfolie auslegen, mit den
  Toastscheiben den Boden und die Seiten vollständig bedecken,
  sodass keine Lücken bleiben.
> Ein paar Scheiben Toastbrot zur Seite legen für den Deckel.
> Die Früchte in einem Topf mit dem Zucker mischen, erhitzen
  und einige Min. köcheln lassen bis sich der Zucker gelöst hat.
  5 EL Saft abnehmen.
> Die restliche Masse in die vorbereitete Puddingschüssel einfül-
  len und mit den restlichen Toastbrotscheiben bedecken.
> Einen Teller auflegen und mit Konservedosen oder anderen
  Gewichten beschweren.
> Im Kühlschrank über Nacht durchkühlen lassen.
> Nach dem Kühlen mit einem Messer den Rand behutsam lösen
  und das Brot umgedreht auf eine Servierplatte stürzen.
> Den zurückgehaltenen Saft mit Cassis verrühren und über das
  gesamte Früchte-Brot träufeln.

Apfelrösti

2 Brötchen (Milchbrötchen
  oder Hefebrot in Scheiben
  geschnitten)
50 g Butter
4 Äpfel geschält, mit einer
  Reibe oder einem Messer in
  dünne Scheiben geschnitten
50 g Zucker
10 g Vanillezucker
1 Prise gemahlener Zimt
40 g Sultaninen
40 g gehackte Walnüsse
Puderzucker
Vanilleeis

> Die Brötchenscheiben in einer Pfanne mit 30 g Butter rösten.
> Apfelscheiben mit 20 g Butter beigeben und mitdünsten.
> Zucker, Zimt und Vanillezucker beigeben und karamellisieren.
> Zum Schluss die Sultaninen mit den Walnüssen untermengen.
> Auf einem Teller anrichten, mit Puderzucker bestreuen und
  1 Kugel Vanilleeis dazu reichen.

Mein Tipp: Als „Erwachsenenvariante"
können Sie die Sultaninen über Nacht in braunen
Rum einlegen.

Brotschmarren

120 g Brot aus süßem Hefeteig
   in Würfel (ca. 1,5 x 1,5 cm)
150 ml Vollmilch
30 g Butter
30 g Zucker
4 Eier (Größe M)
50 g Sahne
Puderzucker zum Bestauben

> Milch über die Brotwürfel gießen und mischen.
> Butter in einer Pfanne erhitzen, Brotwürfel dazugeben, goldgelb anbraten, Zucker beigeben.
> Eier und Sahne mischen, dazu geben und gut umrühren.
> Sofort auf einen Teller anrichten und mit Puderzucker bestreuen.

» **Mein Tipp:** Aprikosenkompott oder Früchtekompott dazu reichen.

Arme „edle" Ritter

4 Scheiben Toastbrot oder
   Sandwichbrot ohne Rinde
200 g Sahne
2 Eier (Größe M)
Butter
Zimt-Zucker-Mischung
Vanilleeis

Für das Erdbeerkompott:
200 g Erdbeeren
10 g Zucker
50 g Sahne

> Für das Erdbeerkompott gewaschene und gestückelte Erdbeeren mit Zucker bestreuen. 30 Min. kalt stellen, Sahne halb steif schlagen und unter die Erdbeeren mischen.
> Toastbrotscheiben diagonal halbieren und in die Sahne einlegen.
> Eier in einer Schüssel verrühren und die Toastbrotscheiben wie beim Panieren in den Eiern drehen und in einer Pfanne mit Butter hell ausbacken.
> Anschließend in Zimt-Zucker wenden.
> Arme Ritter mit Erdbeerkompott und einer Kugel Vanilleeis anrichten.

Brotkuchen mit Johannisbeeren bereichert jede Kaffeetafel.

Brotkuchen mit Johannisbeeren

180 g Brot aus süßem Hefeteig
220 ml Vollmilch
120 g Zucker
100 g Butter
3 Eigelb (Größe M)
2 TL gemahlener Zimt
abgeriebene Schale ½ Zitrone
2 Prisen Salz
200 g gemahlene Haselnüsse
3 Eiweiß (Größe M)
30 g Speisestärke
600 g Früchte (Johannisbeeren oder Früchte mit einem
   hohen Säuregehalt)
Butter und Paniermehl (Semmelbrösel) für die Backform
Puderzucker zum Bestauben

> Hefezopf in 220 ml Milch und 40 g Zucker über Nacht
  einweichen und am nächsten Tag zu einer feinen Masse
  verrühren.
> Butter und 40 g Zucker schaumig rühren, Eigelb nach und
  nach dazugeben, Zimt, Zitrone, 1 Prise Salz und Haselnüsse
  untermischen und alles unter den eingeweichten Hefezopf
  heben.
> Eiweiß, 1 Prise Salz und 40 g Zucker steif schlagen, Speise-
  stärke dazugeben und den Eischnee unter die Masse
  mischen.
> Erst zum Schluss die Johannisbeeren beigeben.
> Backform (Springform) mit Butter einfetten und mit
  Paniermehl ausstreuen. Masse in die Form füllen und
  im vorgeheizten Backofen bei 200 °C ca. 45 Min. backen.
> Nach dem Auskühlen mit Puderzucker besieben.

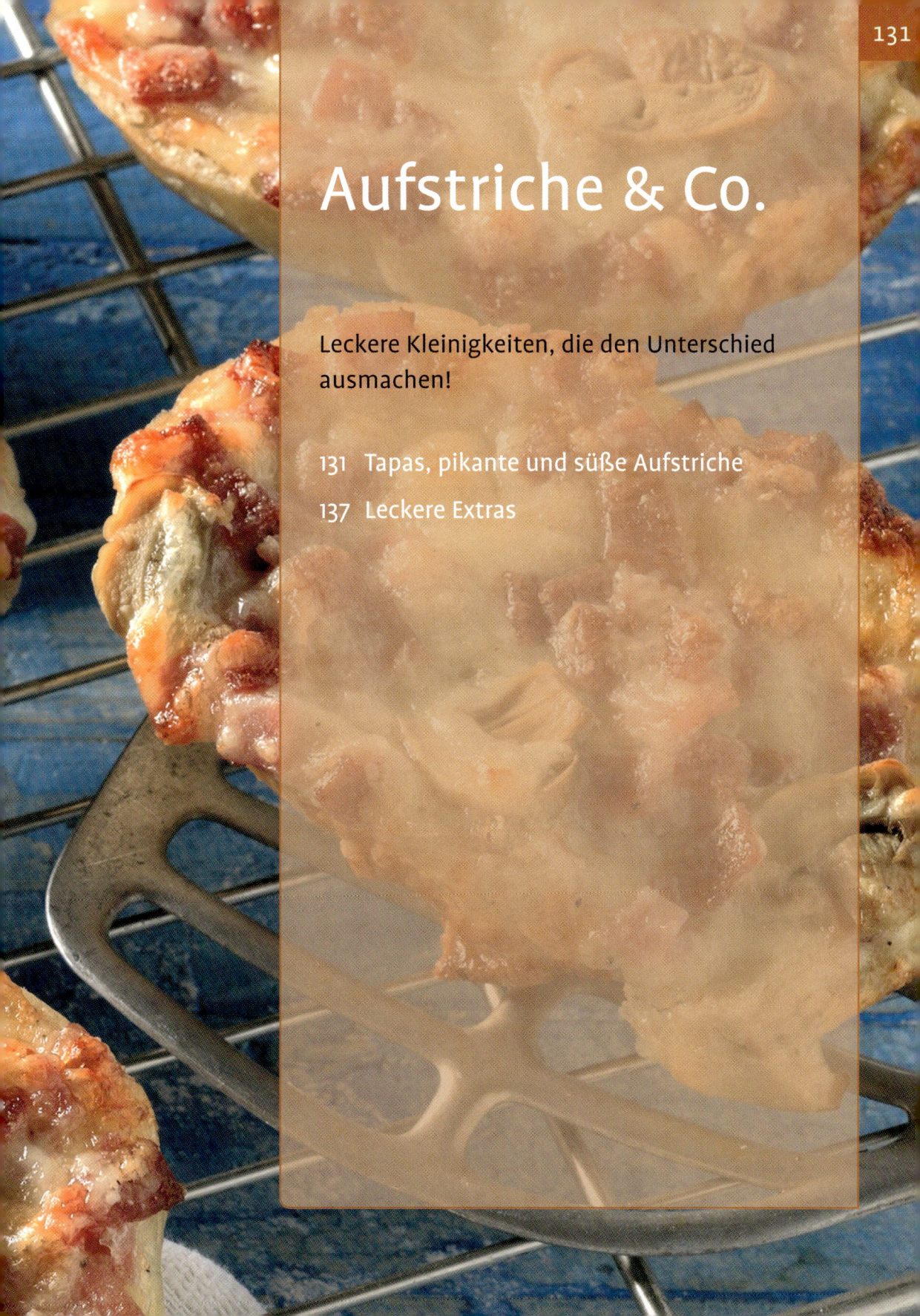

Aufstriche & Co.

Leckere Kleinigkeiten, die den Unterschied ausmachen!

Tapas, pikante und süße Aufstriche

Arme Ritter „Olé"

Ergibt 12 Stück

12 Scheiben Baguette
200 ml Rotwein
100 g Zucker
2 Eier (Größe M)
Weizenmehl Type 405 zum
  Panieren
Zimt-Zucker-Mischung
200 ml Sahne

> Das Baguette in 12 gleichgroße Scheiben schneiden und in Rotwein und 100 g Zucker einlegen.
> Wenn die Baguettescheiben sich mit dem Rotwein vollgesogen haben, werden sie in Mehl gewendet.
> Eier in einer Schüssel verquirlen und die Brotscheiben wie beim Panieren im Ei drehen, danach in einer Pfanne mit Speiseöl ausbacken.
> Anschließend in der Zimt-Zucker-Mischung wenden, auskühlen lassen und mit geschlagener Sahne servieren.

Shrimpsnack

Ergibt 16 Stück

4 Scheiben Toastbrot oder
  Sandwichbrot
150 g Bio-Shrimps, fein gehackt
50 g Sahne
1 EL Sojasauce
1 TL Ingwer, gerieben
Knoblauchsalz
Curry
Pfeffer
1 Eiweiß (Größe M)

Zum Frittieren:
Eiweiß
Sesam
Frittierfett

> Die Kruste vom Toastbrot abschneiden und mit einer Ausstechform (oder einem Glas) runde Scheiben ausstechen, ungefähr in der Größe eines Eisportionierers.
> Die Brotreste mit Sahne, Sojasauce und Eiweiß verrühren bis es eine Masse ergibt.
> Shrimps fein hacken, zur Masse dazu geben, Ingwer und Gewürze beimengen.
> Diese Mischung mit einem Löffel oder Eisportionierer auf die runden Toastbrotscheiben setzen. Im Kühlschrank ca. 30 Min. kühlen.
> Vor dem Frittieren die Shrimpskugeln zuerst in Eiweiß, dann in Sesam tunken.
> Bei 170 °C im Frittierfett goldgelb ausbacken. Auf Küchenkrepp abtropfen lassen.

 Mein Tipp: Mit einem Zahnstocher einen Shrimp als Dekoration aufsetzen.

Tomaten-Bruschetta

Ergibt 12 Stück

12 Scheiben Baguette
 (1,5 cm dick)
Olivenöl
400 g Tomaten, in kleine
 Würfel geschnitten
10 g Knoblauch, fein gehackt
20 g Basilikum, frisch, in
 Streifen geschnitten
30 g Olivenöl
Salz, Pfeffer, Paprika

> Baguettescheiben mit
  Olivenöl beträufeln und
  goldgelb rösten.
> Alle anderen Zutaten mi-
  schen und auf den Baguette-
  scheiben verteilen.

» **Mein Tipp:**
  Für eine schärfere Variante
  können Sie etwas Tabasco
  (Pfeffersauce) oder Peperoni
  zu den Tomaten mischen.

Mareikes Winzersnack

Ergibt 4 Stück

4 Brötchenhälften
100 g gekochter Schinken,
 gewürfelt
100 g Salami, gewürfelte
50 g Champignons, frisch oder
 aus der Dose in Scheiben
 geschnitten
100 g Sahne
100 g weiche Butter
150 geriebener Käse (Pastakäse,
 Gratinkäse)
Salz, Pfeffer, Paprikapulver

> Wenn Sie frische Champi-
  gnons verwenden, sollten Sie
  diese zuerst in einer Pfanne
  andünsten und auskühlen
  lassen. Champignons aus der
  Dose können Sie ohne Vorbereitung verwenden.
> Alle Zutaten bis auf den Käse
  miteinander vermischen,
  den Käse zum Schluss unterrühren und würzen.
> Den Aufstrich auf die Bröt-
  chenhälften verteilen, auf
  ein mit Backpapier belegtes
  Backblech legen und bei
  200 °C Oberhitze ca. 10-15
  Min. auf der oberen Schiene
  überbacken.

» **Mein Tipp:**
  Dieser Aufstrich lässt sich
  hervorragend vorbereiten.
  Einfach im Kühlschrank aufbewahren, und – wenn die
  Gäste kommen – nur noch
  die Brötchenhälften mit der
  Masse bestreichen und in
  den Ofen schieben.

Winzersnacks sind tolle
Partybrötchen.

Elsässer Brotaufstrich

200 g Brotscheiben (Brot nach Wahl,
  12 Scheiben)
140 g Speck in feine Streifen
  geschnitten
50 g Zwiebel, fein gehackt
120 g Kartoffeln (Pellkartoffeln)
50 g Gewürzgurken in Würfel
  geschnitten
70 g Mayonnaise (siehe S. 138)
170 g Sauerrahm (saure Sahne)
Pfeffer, Muskatnuss

> Speckstreifen und Zwiebelstücke in
  einer Pfanne anrösten und abkühlen
  lassen.
> Pellkartoffeln mit einer groben Reibe
  in Streifen raspeln, mit Gurkenwür-
  feln, Mayonnaise, Sauerrahm, Gewürzen, Zwiebeln und Speck mischen.
> Im Kühlschrank für mindestens
  30 Min. stehen lassen. Je nach Kartof-
  felsorte kann die Füllung mehr oder
  weniger trocken werden. Das können
  Sie jedoch mit Sauerrahm regulieren.
> Aufstrich auf die Brotscheiben
  verteilen und servieren.

Kräuter-Knoblauchbutter

1 Bund gemischte Kräuter
2 fein gehackte Knoblauchzehen
100g weiche Butter
½ TL Zitronensaft
je 1 Prise Salz und Pfeffer

> Kräuter waschen und fein hacken.
> Knoblauchzehen schälen und klein
  schneiden, mit einem Mixer oder
  im Mörser mit Salz zu einem Brei
  verarbeiten.
> Butter schaumig rühren und die
  Kräuter mit Knoblauchbrei untermischen, mit Salz, Pfeffer und
  Zitronensaft abschmecken.

Meerrettich-Aufstrich

100 g weiche Butter
10 g Wasser
1 Prise Salz
25 g frischer Meerrettich, fein
  gerieben
Senf, Pfeffer, Worcestersauce,
  Zitronensaft

> Butter schaumig rühren, Wasser
  beigeben, Salz und Meerrettich
  unterrühren und mit den restlichen
  Zutaten würzen.

Mein Tipp:
Damit die Butter auch im gekühlten
Zustand angenehm weich bleibt, wird
etwas Wasser beigegeben.

Oliven-Tomaten-Butter

250 g Butter
100 g getrocknete, in Öl eingelegte
   Tomaten
100 g Oliven, entsteint
1 Bund Basilikum
1 EL Tomatenmark
1 EL Wasser
1 TL Oregano
1 Prise Salz
1 Prise Pfeffer

> Tomaten (ohne Öl), Oliven und Basi-
  likumblätter klein schneiden. Butter
  schaumig rühren und übrige Zutaten
  untermischen. Butter mindestens 1-2
  Stunden kalt stellen.

Räucherlachs-Aufstrich

10 Scheiben Baguette
200 g Räucherlachs am Stück
2 EL Sauerrahm
1 TL Dijonsenf
1 TL abgeriebene Zitronenschale
Salz, Pfeffer
frisch gehackter Dill

> Die Hälfte des Lachs pürieren, den
  restlichen Lachs fein würfeln, mit
  Sauerrahm und Senf verrühren.
> Mit Zitronenschale, Salz und Pfeffer
  abschmecken.
> Auf die Baguettescheiben streichen
  und vor dem Servieren mit gehacktem Dill bestreuen.

Eier-Kanapees

5 Brötchen (10 Brötchenhälften)
8 hart gekochte Eier
100 g Mayonnaise (siehe S. 138)
1 TL Dijonsenf
1 TL Kräuteressig
10 g Schnittlauch
100 g Butter

> Gekochte Eier fein hacken, mit
  Mayonnaise, Senf, Kräuteressig und
  Schnittlauch mischen.
> Brötchenhälften mit Butter bestrei-
  chen, Eiersalat darauf verteilen und
  mit Gürkchen, Tomatenscheiben,
  Petersilie usw. ausgarnieren.

 Mein Tipp: Sie können auch Toastbrotscheiben
(ca. 1,5 cm dick) rund ausstechen und darauf mit
einem Eisportionierer die Eiermasse verteilen.

Aioli

1 Eigelb (Größe L)
1 Prise Salz
2 EL warmes Wasser
500 ml Sonnenblumenöl
8 Knoblauchzehen
1 Spritzer Zitronensaft

> Knoblauchzehen schälen und klein
  schneiden.
> In einem Mixer oder im Mörser mit
  Salz und ein paar Tropfen Öl zu einem
  Brei verarbeiten.
> Knoblauchbrei mit dem Handrührge-
  rät in ein hohes Gefäß füllen und mit
  Eigelb und Wasser schaumig rühren.
> Das Öl wird tröpfchenweise unter
  ständigem Rühren dazugegeben bis
  eine homogene Masse entsteht.
> Mit Salz und Zitronensaft abschme-
  cken und fertig ist der leckere Knob-
  lauchaufstrich.

Himbeerbutter

125 g Butter
70 g Himbeeren
1 EL Honig

> Himbeeren pürieren, durch ein Sieb
> streichen und mit der weichen Butter
> und dem Honig mischen.
> Es eignen sich auch andere Früchte,
> wie z. B. Erdbeeren oder Waldbeeren
> aus der Tiefkühltruhe, für dieses
> Rezept.

Schoko-Nuss-Aufstrich

125 g Butter
2 EL Honig
3 EL Kakao
1 TL Bourbon-Vamillezucker
20 g gemahlene Haselnüsse
10 g gemahlene Mandeln

> Haselnüsse und Mandeln in einer
> Pfanne anrösten und abkühlen las-
> sen. Butter schaumig schlagen und
> restliche Zutaten unterrühren.

Aprikosen-Aufstrich

100 g getrocknete, fein gewürfelte
  Aprikosen
100 ml Orangensaft
4 EL gemahlene Haselnüsse
1 EL Zitronensaft
1 Prise Zimt

> Die Aprikosenwürfel in Orangensaft
> über Nacht einweichen. Anschließend
> Masse mit Einweichflüssigkeit pürie-
> ren und Zitronensaft, Nüsse und Zimt
> unterrühren.

Müsli-Aufstrich

100 g Frischkäse
30 g Müsli
3 EL Orangensaft
1 TL Bourbon-Vanillezucker

> Das Müsli mit Orangensaft für 10
> Min. quellen lassen. Frischkäse mit
> Vanillezucker verrühren und unter das
> Müsli geben.

Leckere Extras

Karamellisierter Knoblauch

4 EL Olivenöl
30 g Butter
20 g Zucker
20 Knoblauchzehen

> Ofen auf 180 °C vorheizen.
> 4 EL Olivenöl, 30 g Butter und 20 g Zucker in einer ofenfesten Pfanne erhitzen.
> Sobald die Butter geschmolzen ist, 20 geschälte Knoblauchzehen dazugeben.
> Das Ganze für ca. 20-25 Min. in den Ofen schieben bis der Knoblauch karamellisiert ist.
> Auf einem Küchenkrepp abtropfen und auskühlen lassen.

Getrocknete Tomaten

350 g Kirschtomaten oder
   8 große Tomaten
ca. 2 TL Pizzagewürz
Salz, Pfeffer, Zucker
Olivenöl

> Kirschtomaten halbieren, größere Tomaten vierteln und mit der Schnittfläche nach oben auf ein mit Olivenöl gefettetes Backblech legen. Mit je 1 Prise Salz, Pfeffer, Zucker und Pizzagewürz (oder Kräuter der Provence) bestreuen.
> Das Backblech für 5 Min. in den vorgeheizten Ofen bei 200 °C schieben. Ofen ausschalten und die Tomaten bei geschlossener Ofentür für mind. 5 Stunden im Ofen lassen.

Tomatensoße

100 g Olivenöl
200 g rote gehackte Zwiebeln
50 g gehackter Knoblauch
1,5 kg Tomaten, in Würfel
   geschnitten
100 g Tomatenmark
Salz, Pfeffer
1 EL frischer, gehackter
   Oregano
1 EL frischer, gehacktes
   Basilikum
50 g Butter

> Olivenöl in einem Topf erhitzen und die gehackten Zwiebeln und der gehackte Knoblauch darin andünsten.
> Tomatenwürfel und Tomatenmark dazugeben, mit Salz und Pfeffer abschmecken.
> Das Ganze bei niedriger Temperatur ½ Std. kochen lassen.
> Anschließend Oregano, Basilikum und Butter beigeben und nochmals kurz aufkochen lassen.

Tipp

Praktisch für Pizza

Wenn Sie die Tomaten pürieren, erhalten Sie eine ausgezeichnete Sauce für eine Pizza, für Pita- und Fladenbrotbelag.
Bedecken Sie die getrockneten Tomaten in einem Gefäß mit Olivenöl, so halten sie sich mehrere Wochen.

Mayonnaise

2 Eigelb
5 g Senf
Worcestersauce
1 Prise Salz,
weißer Pfeffer
1 TL Kräuteressig oder
   Zitronensaft
350 ml Sonnenblumenöl

Alle Zutaten sollten Zimmertemperatur haben.

> Eigelb, Senf, Worcestersauce, Salz, Pfeffer und Zitronensaft mit dem Schneebesen verrühren.
> Das Sonnenblumenöl langsam, als feiner Strahl beigeben und immer dabei rühren.
> Bei der Herstellung im Mixer: Eigelb durch ein ganzes Ei ersetzen, Zutaten mixen und Sonnenblumenöl langsam beigeben.

Vanillesauce

200 ml Vollmilch
2 Vanilleschoten
10 g Maisstärke
1 Ei
40 g Zucker
200 g Sahne

> Milch in einen Topf geben, Vanilleschoten längs aufschneiden, das Mark auskratzen und in die Milch geben.
> Die Milch aufkochen lassen.
> Maisstärke, Zucker und 1 Ei gut mischen und unter ständigem Rühren in die Milch geben.
> Weiter rühren bis sich die Sauce verdickt hat.
> Zum Schluss die flüssige Sahne beigeben.

Vanillezucker

Gebrauchte Vanilleschoten
Zucker

> Gebrauchte Vanilleschoten abwaschen und trocknen. In ein verschlossenes Gefäß mit Kristallzucker geben. Wenn Sie einen Mixer besitzen, können Sie auch 200 g Kristallzucker mit 20 g Vanilleschoten mixen. Durch ein Sieb die groben Vanillestückchen aussieben.

Tipp

Mayonnaise-Varianten

Cocktailsauce: Mayonnaise mit Tomatenketchup oder Tomatenmark verrühren und mit einem Schuss Cognac abschmecken.
Dillsauce: 25 g Schlagsahne aufschlagen und unter die Mayonnaise heben. Mit frischem, gehacktem Dill und Zitronensaft abschmecken.
Tatarsauce: 2 hart gekochte Eier, 20 g Gewürzgurken und 20 g Zwiebeln in feine Würfel schneiden. Mayonnaise mit 1 EL Essig, Salz, Pfeffer, Eier-, Gurken-, Zwiebelwürfeln, einigen Kapern und gehackter Petersilie mischen.

Rezeptverzeichnis

Bildquellen

Teubner Foodfoto: S. 47
Alle anderen Fotos inklusive Titelfotos stammen von
Michael Brauner, Karlsruhe.

Bibliografische Information der Deutschen Nationalbibliothek
Die Deutsche Nationalbibliothek verzeichnet diese Publikation in der
Deutschen Nationalbibliografie; detaillierte bibliografische Daten
sind im Internet über http://dnb.d-nb.de abrufbar.

© 2009 Eugen Ulmer KG
Wollgrasweg 41, 70599 Stuttgart (Hohenheim)
E-Mail: info@ulmer.de
Internet: www.ulmer.de
Lektorat: Anke Ruf, Birgit Wörner
Herstellung: Silke Reuter
Umschlagentwurf: red.sign, Anette Vogt, Stuttgart
Druck und Bindung: Westermann Druck, Zwickau
Printed in Germany

ISBN 978-3-8001-5852-2

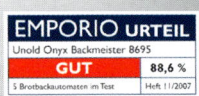